叩かれても言わねばならないこと。

「脱近代化」と「負の再分配」

枝野幸男

東洋経済新報社

はじめに

大きな揺れが来たとき、私は全閣僚とともに国会にいた。参議院決算委員会だった。これは長い、と思った。これだけ長い揺れの地震は、この揺れの強さ以上に深刻だと直感した。

ほぼ同時に、自分が内閣官房長官として、この危機管理の要とならなければならないことを自覚し、これまでに経験したことのない緊張感に包まれた。

２０１１年3月11日午後2時46分。

まだ揺れが続いている中、鶴保庸介委員長に「とりあえず私だけでも官邸に戻して、情報収集させてください」と申し出た。即座に了承を得て議事堂を飛び出し、首相官邸地下の危機管理センターに駆け込んだ。

すでに官僚らスタッフはセンターに集まり始めていた。並んだ巨大モニターにテレビ映像や防衛省のヘリ映像が映し出され、卓上に並んだ緊急電話には次々に情報が入ってきていた。

騒然たる中、震源と各地の震度がマイクを通じてアナウンスされた。

震源は三陸沖の深さ24キロ、規模はマグニチュード8・8（後日9・0に修正）、最大震度は宮城県栗原市の震度7――。

そこからはじき出された想定死者数を目にしたとき、私は愕然とした。まだ具体的な被害状況は入ってきておらず、津波も来ていなかった。しかし、その予想された死者数を見て、ただ言葉を失った。

突如襲った大地震によって、私たちが営々と築き上げてきた街や建物、人々の生活、近代化の中で築かれてきたシステムの数々が一瞬にして瓦解するさまが脳裏に浮かび、言いようのない衝撃に襲われた。

地震と津波の襲来に加え、やがて福島の原発が暴走を始めた。近代化の象徴ともいえる巨大プラントは、自然災害の襲撃を受けてあっさりと制御を失った。しかもバックアップの電源が海水をかぶって動かないという呆れるほど初歩的な原因でつまずいた。

最先端の技術がコントロールできなくなる一方で、事故に対応した官邸は、情報の集約や意思疎通すらままならない状況に陥った。私は官房長官として政府全体の統括と、国民への情報発信の役割を担いながら、刻々と変わる事態の対応に追われた。

私は、日本がすでに「近代化の限界」に直面しながら手をこまねいていることについて、事あるごとに危機感を表明してきた。

明治以来、近代化のプロセスをひた走ってきた日本は、もはや政治、経済、社会すべての領域において、その限界によるひずみが生じている。私は「脱近代化」に向けた改革が早急に必要であることを、書籍や講演を通じて訴えてきた。

私は近代化そのものを否定しているわけではない。近代化は社会を豊かにし、そのリスクを減らすことができる。しかし、そのプロセスがある限界に達すると、豊かさやリスク低減よりも、近代化のひずみによる損失のほうが大きくなる。

そのとき、社会に生起するさまざまな問題は、もはや近代化のプロセスでは克服できない。世界でいち早く近代化を達成した日本は、その限界と困難に最も切実に向き合っている国といえる。

しかし、社会システムや国民の意識が時代の転換に応じて変化する前に、地震と津波と原発事故によって、私たちは最も激烈なかたちでひずみや矛盾を突きつけられることになった。私は政治家として自分の無力を痛感した。

私たちは、たとえばマニュアルを整備したり防潮堤を高くしたりして近代化を進めても、それを超える自然災害によって、迅大な被害を受けた。こうしたことが起こりうることを肝に銘じて、備えを整える時代に入っている。

私たちに課されているのは、近代化路線の限界と矛盾をしっかり認識し、それを乗り越えることだ。私はそれを「脱近代化」の時代と呼ぶ。


２０１１年9月に経済産業大臣に就いた私は、日本のエネルギー政策を含む産業政策と対外経済を主導することになった。3・11であらわとなった、時代と社会のひずみを解消するという〝敗戦処理〟をしながら、その向こう側に新しい時代をつくりたいという思いで仕事をしてきた。

それは、かつてのような経済成長は望めず、リスクやコストを国民全体で負担する「負の再分配」の時代だ。私たちはそれを覚悟して進まなければいけない。そして、これまでの物質的な豊かさとは異なる、成熟した豊かさを実現しなければいけない。

こうした立場から、私は本書で、転換期のただなかにある日本の課題と展望を示した。

以下、構成を簡単に説明する。

最初に3・11を振り返る。3・11で起こったことには、近代化システムの限界やその矛盾のいくつかが顕著に表れている。それを検証することで未来につなげたい。その意味を込めて第0章とした。

第1章で脱近代化の時代の全体像を提示する。大量生産・大量消費を前提とした成長や富の再分配システムは終わりを告げ、時代は次の価値に移行している。次代の豊かさのありようを俯瞰する本章を総論とすれば、以下の章は各論である。

第2章は、国内のエネルギー政策だ。脱原発依存を確実に現実のものとするための構想を示す。「負の再分配」の象徴である使用済み核燃料の取り扱いを含めて提言をした。

第3章は、国内経済の活性化について論じた。少子高齢社会に対応し、医療・介護・子育てといった社会保障の充実と内需の掘り起こしを連動させて、社会に活力を取り戻す。これは「社会保障と税の一体改革」の理念につながる。

第4章は、外貨を稼ぐ戦略だ。日本の技術力やブランド力を生かした海外市場の獲得について、具体的な事例を示しながら探った。

第5章は、脱近代化時代の政治について歴史を振り返りながら考えた。情報公開や市民参加など新しい政治に求められる課題について展望する。

本書を通して、私はひとりでも多くの皆さんに新しい時代に即した意識改革を呼びかけたい。

時代を大きく動かすことは、ひとりではできない。立ちはだかる壁は数多くある。意識を変えることは、さらに難しい。しかし、国民それぞれが覚悟を決めて取り組めば、道は必ず開けると私は信じている。

目次◎叩かれても言わねばならないこと。

第2章

脱原発依存への道——エネルギー政策

第3章 安心社会による活力——国内経済

第5章 覚悟を求める政治──参加型民主主義の時代 193

編集協力・片岡義博
本文DTP・アイランドコレクション
装幀・トサカデザイン（戸倉 巌）
カバー写真・朝日新聞社/Getty Images

第0章

3・11という
〝最後通牒〟

決定的な局面での破綻の多くは、近代化システムとはおよそ関わりのないお粗末ともいえる原因だった（17ページ）

世界が私の会見を注視していた。
しかし、私はほとんど情報を発信できなかった（27ページ）

「殺人罪で告発しなければならなくなる」（29ページ）

「絶対安全」という答えと、改善への努力は矛盾する。
これが、いわゆる原発の「安全神話」の構造である（33ページ）

どんなにマニュアル化を進めても、
想定を超えた事態への対処には届かない（33ページ）

■マニュアルを超えた事態

3・11の本質的な反省点は、大震災と津波、原発事故が起こった時点で、こうした大災害、シビアアクシデント（過酷事故）への備えがまったくできていなかったということだ。

災害や原発事故への対応がうまくできたかどうか以前の問題だ。そもそも対応するマニュアルそのものがなかった。その本質を見誤ると、3・11で私たちが経験したことを教訓として生かせず、再発防止にもつながらない。

東京電力・福島第一原発事故については、各事故調査委員会が指摘する通り、「原子力防災マニュアル」が今回のような複合的大災害による事故をまったく想定していなかった。

本来なら事故対応の拠点となるべきオフサイトセンターは使えず、避難計画は原発を中心に半径3キロ圏内や10キロ圏内までしか想定していなかった。

ほとんどあらゆることについて判断や手順の基準がない状態で、あるいはあっても役に立たない状態で、暗中模索しながら難局に対応しなければならなかった。

今回の教訓を糧として、災害マニュアルの再構築が必要なことは言うまでもない。しかし一方で、災害やテロなど国家の危機管理に向けて、あらゆる事態を想定して手引き書を用意することの限界も突きつけられたのではないだろうか。これは、さらに本質的な問題だ。

私たちは、起こりうる事態すべてに対処できないことを思い知らされた。すべてを想定した用意ができないなら、「想定を超えた事態に向けてどう対応するのか」「マニュアルが機能しないときにどう対処するか」という備えも、私たちは用意しておかなければいけないことになる。

東日本大震災以前の直近の有事としては、阪神・淡路大震災があった。その時も、想定を超えた自然災害と言われた。そして、東日本大震災ではその何十倍の規模で対応すべき事態に迫られた。

現実の世界は、常に想定を超える事態が起こりうることを、まず私たちは肝に銘じなければならない。

私たちが信じてきた近代化システムが、大規模な自然災害と原発事故という非常事態を前に至るところでつまずき、敗退するさまを、私は恐ろしいほど具体的なかたちで体験することになった。

決定的な局面での破綻の多くは、近代化システムとはおよそ関わりのないお粗末ともいえる原因だった。そして、その破綻による危機を救うのもまた、素朴なマンパワーであったり、旧式のローテクであったりした。具体的な事例を挙げながら、それらを検証してみよう。

■「帰宅するな」という会見

つまずきは、まず「情報の途絶」というかたちで表れた。

近代化のひとつの側面に情報化がある。高度情報化社会において情報の取り扱いは、最重要の課題である。

とくに危機管理に際しては、情報の取り扱いは事態の命運を左右する。情報をどう集約し、発信し、共有するか。それは政治の意思決定や国民との意思疎通のかなめとなるからだ。

しかし、私が最初に直面した困難は、災害と事故対応に要するさまざまな情報が官邸に入ってこないという、思いも寄らぬ事態だった。

最も情報が迅速に集約されるべき政治の意思決定機関に基本的な情報が入って

こない、あるいは入っても極めて遅かった。緊急時における情報の価値は速さとの関数である。時機を逸した情報に価値はない。

地震発生初日の3月11日夕、私たちが最初に手がけた仕事は、被災した自治体と連絡を取って被災の実態を知ることだった。しかし、まず停電等によって通信が途絶し、情報を発信すべき自治体、あるいは担当者自身が被災していた。結局その日のうちに、十数の自治体は、まったく連絡が取れなかった。

次に私が取り組んだ課題は、首都圏の「帰宅難民」対策だった。

午後2時46分に発生した地震によって、首都圏のJRをはじめとする鉄道は、すべて不通となった。この日は金曜だった。帰宅ラッシュの時間帯が迫っていた。鉄道が止まったままならば、首都圏の通勤、通学者は新宿や渋谷、品川、横浜といったターミナル駅にあふれて、二次災害の発生が危ぶまれる。帰宅を控えるよう要請するなら、できれば午後5時までにメッセージを発信したい。そのために鉄道の運行予定を早急に把握する必要があった。

危機管理センターで、国土交通省の局長を通じて「鉄道は今日中に動くのか、動かないのか?」と何度も尋ねた。しかし、やはり情報は上がってこなかった。

そこで、私はやむなく当時のＪＲ東日本の清野智社長に直接のコンタクトを試みた。ＪＲ東日本に電話をして社長につないでもらい、単刀直入に尋ねた。

「今晩中に首都圏の電車は動きますか?」

問いに対して、社長は即答した。

「申し訳ありませんが、今日中の復旧は無理です」

「分かりました。では『帰宅するな』という記者会見をやりますよ」

「ぜひ、お願いします」

私は午後5時39分に記者会見を開き、首都圏の人々に対して徒歩通勤者以外は職場など安全な場所に待機して、無理に帰宅しないよう呼びかけた。午後5時には間に合わなかったが、一定の効果はあったと思う。二次被害は最小限に抑えられた。

■通常ルートは役に立たない

このとき、通常の情報ルートは役に立たなかった。普段の手順でいえば、官邸からの指示は役所の担当者に伝わり、担当者はＪＲならＪＲの職員に連絡を取り、職員はさらにJR内で確認し……と何段階も経て情報は伝わる。

しかし、有事は一刻一秒を争う。このときに機能したのは、通常のルートを飛ばしたトップへの直接連絡だった。

JR東日本の社長が、たまたま私が学んだ東北大学法学部の先輩で、以前より面識があったことが幸いした。マニュアルを超えたとっさの判断と顔見知りという人間関係が有効に働いたのである。

福島原発事故の発生翌日に、菅直人総理が福島第一原発の現地に行き、吉田昌郎所長に直接コンタクトしたことが「官邸の現場介入」として取りざたされた。そのことの是非を私の立場からあらためて言うつもりはない。

しかし、組織のトップ同士が意見や情報を交換して事に当たるという発想自体は、有事においては全面的に否定されるべきではない。

本来なら、東電のトップが全体状況を把握して、政府のトップとホットラインを確保しておくべきだった。政府側のトップが総理大臣なのか、経産大臣なのか、経産省の原子力安全・保安院長なのかは、ケース・バイ・ケースだろう。

しかし私が見る限り、東電は社長が事故の全体像を把握して対処できる態勢にはなっていなかった。社長でなければ、東電本店原子力担当の副社長だったのか、あるいは第一原発の所長だったのか。いったい誰が事故の全体を把握しているのか東電自体にも分からない態勢だったのではないか。これは東電の組織上の問題である。

危機管理の際には、誰が情報を集約して、責任を持ってトップマネジメントに当たるかを明確にする必要がある。マニュアルにないことに対応しようとした時には、マニュアルを超えて判断できる人間が、情報の集結点でなければならない。有事においては最速かつ正確な情報伝達のルートを確保できるかどうかが、事態の行方を決定的に左右する。

11日夕方から、次第に深刻の度を増していく原発事故に関していえば、東電内に福島原発事故対策統合本部を設置する3月15日まで、最速で正確な情報伝達ルートはまったく手にすることができなかった。

■電源車確保という至上命題

福島第一原発の全交流電源が喪失し、11日午後7時過ぎに原子力緊急事態宣言が発令された。

電力をつくるための巨大システムである原発の安全性は、ほかならぬ電気に支えられていた。その電気が止まっただけで原発は制御不能の局面に入る。

東電から最初に緊急の要請があったのは、電源車の手配だった。

燃料棒は水によって冷却しなければ、過熱して溶け出し、やがて炉心溶融（メルトダウン）に至る。高熱の核燃料は圧力容器や格納容器を溶かして、外部に高濃度の放射性物質が漏れれば、その被害はとてつもなく大きくなる。

それを未然に防ぐことができるかどうかが電源車の確保にかかっている、と言われた。当初の情報は、この一点に尽きていた。自家発電機を載せた大型車両をサイト内に運び込んで、原発の冷却機能を復活させることが、私たちの至上命題となった。

官邸等から東日本各地の関係箇所に電話を入れ、電源車をかき集める作業が始まった。しかし、大渋滞や土砂崩れの恐れがあり、自衛隊や警察の車両が先導する必要がある。自衛隊の輸送ヘリや米軍機による空輸を要請したが、自衛隊には電源車の重さに耐えるヘリはなかった。

結局、電力復旧のために駆り出された電源車は、最終的に60台以上にのぼった。最初の電源車が現場に到着したのは、11日の午後9時ごろだった。しかし、またも思わぬ事態が起こった。接続プラグの形状が合わない、電圧が合わない、ケーブルの長さが足りないなど、せっかくの電源車が次々に用をなさないことが分かったのだ。

原発の暴走を食い止める命綱とも言うべき電源が、プラグの不一致やケーブルの長さという実に初歩的な不具合によって確保できなかったのである。

やがて、12日午後には1号機が、14日午前には3号機がそれぞれ水素爆発を起こし、鉄筋コンクリート製建屋の上部が吹き飛ばされてしまう。各号機の使用済み核燃料の貯蔵プールの水位も下がり、燃料棒が露出する危険が迫った。

17日、陸上自衛隊の大型輸送ヘリが30トンの海水を釣り下げて運び、3号機の燃料プールに投下するという大規模なオペレーションを決行した。また、自衛隊や消防などの放水車や消防車を駆使した放水によって、燃料棒を冷やす水を補給する作業が続いた。

電気の確保といい、水の投入といい、いずれも原発の科学システムとはほど遠いローテクの作業が巨大システム制御の鍵を握っていた。

■手ぶらの水素爆発会見

東日本大震災と原発事故を通して、情報集約システムの不全が決定的ともいえるかたちで表れたのは、1号機が水素爆発を起こしたときだった。スポークスマンとして国民に情報を発信する役割を担っていた私にとって、このときほど厳しい記者会見はなかった。

1号機の水素爆発は、震災翌日の3月12日午後3時36分に起こった。その映像を地元の福島中央テレビがすぐに放映し、1時間以上を経た午後4時49分に日本テレビが全国ネットで流した。

私はそのテレビ映像で初めて爆発の事実を知ることになった。

午後5時35分に「福島第一原子力発電所1号機付近での白煙発生について」と題する東電の広報資料が出た。そこには「午後3時36分、直下型の大きな揺れが発生し、1号機付近で大きな音があり白煙が発生しました。プラントの安全確保作業に携わっていた当社社員2名、協力企業作業員2名が負傷したため、病院に搬送しました」とだけしか書かれていなかった。

前日から1号機の格納容器の圧力がじりじりと上昇し、12日午前に〝ガス抜き〟のためのベントがやっと実施できた矢先の出来事だった。

のちにこの爆発は、原子炉内で大量発生した水素と建屋内の酸素が反応して建屋を吹き飛ばした水素爆発であることが判明するが、この時点では分かっていない。原子炉ごと吹き飛んで高濃度の放射性物質をまき散らす核爆発を起こしたのかもしれなかった。そうだとすると、チェルノブイリ事故をはるかに超える大惨事であることを意味していた。

午後5時45分に予定された記者会見が迫っていた。

国民は官邸中枢が事故に関するあらゆる情報をどこよりも早く手にしていると考えているだろう。しかし、爆発から2時間以上経過し、しかもテレビでその映像が全国に、いやおそらく全世界に流れているにもかかわらず、私が手にしている情報はごくわずかだった。

会見の10分前に上がってきた「白煙発生」の資料と、警察からのいくつかの未確認情報、そしてテレビ映像――。東電や保安院にいくら問い合わせても、それ以上のことは分からなかった。

記者会見には通常、資料をそろえ、秘書官などから可能な限りの情報をインプットしてから臨む。しかし、このときはほとんど何も情報がないまま会見時間を迎えた。

詳細が分かるまで会見を延期して待つべきか、それとも会見で詳細は分からないということを正直に話すべきか、かなり迷った。

しかし、すでに爆発の映像は流れている。何も情報を発信しない状況が長時間続くよりも、分かっていないということを冷静に伝えたほうがリスクは少ないと判断した。

私はほとんど手ぶらの状態で会見に臨んだ。

「既に報道もされているとおり、福島第一原子力発電所において、原子炉そのものであるということは今のところ確認されていませんが、何らかの爆発的事象があったということが報告をされております。現在、先ほどの党首会談以降、総理、そして経産大臣を含めて、専門家を交えて、状況の把握と、そして分析、対応に全力で当たっているところです」

通信衛星とインターネットという現代の高度情報システムを通じて、世界が私の会見を注視していた。しかし、私はほとんど情報を発信できなかった。このアイロニカルな状況が、今回の原発事故によって露呈した近代化の限界を象徴していた。

■「殺人罪で訴えなければ」

情報集約に対して情報発信の難しさを痛感したのは、計画停電の会見だった。これは水素爆発の会見とは別の意味できつかった。同時に、現代社会においては、電気の有無で私たちの生活がいかに翻弄されるかを実感した。

計画停電は3月13日夜に東電から発表され、翌14日午前6時15分から関東地方での実施を予定していた。停電に対する準備期間をわずか半日しか用意していない差し迫ったスケジュールだった。

厚生労働省出身の秘書官からだったと思う。13日午後9時から10時にかけて、「計画停電のスタートをなんとか14日午前10時くらいまで遅らせることはできませんか」との打診があった。

その意味するところは深刻だった。人工呼吸器を使って自宅療養している患者が計画停電の事実を知らず、人工呼吸器の電源が切れたことに気づかない場合、死亡する可能性もあるというのだ。

大きな病院については対応できる。個人宅の人工呼吸器については、ケアセンターを通じて患者宅に連絡するよう努めているが、13日が日曜のために連絡の付かないセンターがある。14日の朝一番でケアセンターに連絡して患者宅に情報を届けるため、ぎりぎり10時まで停電を延期できないか、との相談だった。

事態を重く見た私は、14日未明に東電の電力需給対策の担当副社長らを官房長官執務室に呼び出した。そして、午前中は計画停電をしないように要請した。

東電側は「そんなことをしたら、電力不足で大停電になるかもしれない」と抵抗したが、「人の命がかかっている。大口の顧客に折衝してでも延期してくれ」と迫った。

「とにかくこれは人を殺すことになる」

「いや、落雷で停電したときも、人が死んだなんて抗議はこれまで来たことがありません」

「それは違うだろう。落雷で停電したときは亡くなった本人も遺族も仕方がないとあきらめることができる。しかし今回は意図的に電気を止めるわけで、準備の猶予を与えずに人が死ぬことになれば、場合によると殺人罪で告発しなければならなくなる」とまで言った。

東電側は「うーん、ちょっと考えさせてください」と答え、いったん官邸を引き揚げた。2、3時間後に戻ってきた副社長は報告した。

「なんとか午前中は電気を止めないでやります」

■相反するメッセージを伝える

予定した計画停電スタート1時間前の14日午前5時15分の早朝、急きょ記者会見を実施した。

「東京電力管内において、今朝から計画停電を実施いたします。なお、計画停電は、計画区域内において、電力供給が止まる可能性があるということです。したがって、計画区域内でも電気が使えることもあり得ます。逆に電気が使えるからと言って、計画停電が行われていないわけではありません。計画停電区域以外の皆さんにも徹底した節電をお願いいたします」

午前中、電気は止まらないということを伝えたかった。そのためには、もう少し分かりやすく言うべきだったとは思う。しかし、分かりやすく伝えて節電の必要がないと誤解されると、無秩序な大規模停電を引き起こしかねない。2つの相反するメッセージをどう伝えるか。その兼ね合いが非常に難しかった。

未明に実施した会見に、首都圏の住民はほとんど誰も気づいてくれなかった。しかし、午前中は電気を止めることなく、また電気が不足することもなく、最悪のケースだけは避けられた。

電気は、私たちに便利で快適な生活を用意した。しかし、いったんそれが絶たれると、通常の暮らしが崩れ去るばかりか、場合によっては医療システムが止まって人間の生命をも奪う。私たちの社会は、それに対するバックアップシステムを十分なかたちで準備していない。

現代的なライフスタイルの追求は、実はそれだけ非常時には脆弱な社会をつくっていたことが、計画停電によってあらわとなった。

結局、危機への対策は、厚労省の担当者のケアセンターへの電話、ケアセンター職員による自宅療養家庭への連絡という手作業だった。それはまた、休日という人間的な生活サイクルによって阻まれた。

私たちの社会に張り巡らされているはずの高度情報システムも高度医療システムも、そこには介在しなかった。

■対策に完璧はない

原発事故を教訓に、情報を集約するシステムは、少なくとも原発に関しては飛躍的に改善した。目に見えるところでは、現地の原発サイトと映像・音声をリアルタイムで情報交換できるテレビ会議システムを保安院と官邸に導入した。

事故発生時は、現地から官邸への事故情報の伝達は、すべて東電本店を通じてなされていた。現場の情報が東電本店と、官邸に派遣された東電社員を挟んで官邸メンバーに伝えられる。逆に官邸からの指示は再び迂回ルートを通って現地へ伝えられる。この伝言ゲームのような状況が、迅速かつ正確な情報伝達を阻んでいた。

東電本店と現地がテレビ会議システムで直接つながっていたことを私たちが

知ったのは、官邸メンバーが東電本店に乗り込んだ3月15日早朝である。

このシステムの存在を最初から知っていれば、あるいは官邸に導入していれば、事故初期における情報集約の決定的な遅れと混乱はある程度回避できたはずだ。結局、高度なシステムが開発・整備されても、それを知り、使うための情報と感度がなければ、それは存在しないに等しい。

組織的な改変では、新たに環境省の外局として「原子力規制委員会」を設置することになった。これは原発を利用する資源エネルギー庁と、原発を規制する保安院が同じ経産省内にあることの弊害を避けるための措置だ。

原子力規制委員会には、原子力安全委員会や保安院、文科省や国交省が担う原子力の安全規制と監視に関する事務を移管して一元化することになった。

ただし、こうした改善策に「完璧」や「大丈夫」はないということが、今回の事故で得たもうひとつの教訓だった。

原子力の安全対策に関しては、これまで電力会社や所管官庁は「すべて完璧です」「絶対、大丈夫です」と言い張ってきた。

「いっそうの改善に努めます」と答えた途端、「改善の余地があるということは、つまり今の安全態勢は十分ではないのか」という批判を呼び込む。それを避けるために「絶対安全」になる。

その時点で安全対策への努力が止まる。「絶対安全」という答えと、改善への努力は矛盾するからだ。これが、いわゆる原発の「安全神話」の構造である。

そこは正直に「改善しました。しかし、さらに改善に努めます」と答えることだ。「完全でないならダメではないか」と政治的に批判されるというジレンマはあるだろう。しかし、事故の教訓を生かすには、それを覚悟しなければいけない。

事実、安全対策に「完璧」も「絶対」もない。

■謙虚な認識を共有する

危機管理はマニュアルを超えた事態に対処しなければならない。しかし、どんなにマニュアル化を進めても、想定を超えた事態への対処には届かない。

近代化によって防潮堤が高くなることで、津波にはある程度対応できた。原発の安全対策の技術もこの40年間で格段に進歩した。

しかし、どんなに近代化を進めてシステムが機能的、合理的になっても、自然災害に対して完璧な備えはできない。人間がやることである以上、100％安全な原発はつくれない。

マニュアル化を進めれば、すべてを克服できるというのが近代化の発想だ。これに対して、どこまでやってもすべてに対応できるマニュアルは作れないというのが脱近代化の考え方である。

ただし、脱近代化とは近代化をやめるということではない。近代化が積み重ねてきたものには、それだけの価値がある。備えられるところは可能な限り備えなければならない。

近代化システムがまだ整備されていない社会では、近代化を進めることによって社会が抱えるリスクを小さくすることができた。防潮堤を高くすることで、防災機能を高めることができた。

しかし、それがある段階まで達したとき、もう近代化のアクセルを踏んでも、もはやリスクを小さくできなくなる。リスクを小さくして得る利益よりも、それによるひずみの損失のほうが大きくなる。これが近代化プロセスの臨界点である。

近代化によって克服できる余地がもはやなくなった日本は、近代化路線からの脱却が必要になる。どこから始めればいいだろうか。

まず、近代化のプロセスですべては克服できないという謙虚な認識を共有すること。それが脱近代化の時代の始まりとなる。

視点

「記者会見」

切り取られない会見

3・11で官房長官として数々の記者会見に臨んだ私が、マスメディアとの関係で実感したことがある。

それは、部分的に切り取られない会見は、驚くほどにきちんと国民に受けとめてもらえるということだった。

東日本大震災の発生からの数日間、各テレビ局がニュースで報じた私の記者会見は、ほとんど生中継だった。次々と断続的に開かれる会見はフルバージョンか、あるいはそれに近いかたちで放送された。

大部分の国民にとって、政治家の会見を10分間なら10分間、すべて通しで見る機会は、おそらく今回が初めてだったのではないだろうか。

その場合、カットされて編集を経た会見とはまったく受け取られ方が違うということを強く感じた。生のままカットされない会見は国民に誤解されにくい。だからその場その場での批判はほとんど来なかったように思う。

逆に言えば、私の会見に対する批判は、切り取られた部分だけを見て、事後的になされたものが多かったようだ。

記者会見における「ただちに人体（あるいは健康）に影響はない」という私の発言は、情報発信に対する批判の象徴的な言葉となった。

この発言について、「ただちに影響がない」を「すぐに影響は出なくても、将来は影響が出るのかもしれない」「長期被曝の可能性を隠しているのかもしれない」と受けとめた人がいた。より明確に話すべきだったとの指摘は、真摯に受け止めている。

その上であえて言えば、当時の会見をオンタイム、ノーカットで見た国民のどれだけが、「ただちに」という言葉に反応したかを検証できればと思う。

何か、事故の影響全般について「影響がない」と言ったかのように受け止められている向きもある。しかしそれはほとんどの場合、飲食物の放射線量の基準値についてだった。基準値は1年間、その飲食物を摂取し続けた場合の値で、基準値を超えた飲食物を1、2回食べても健康には影響がない、心配する必要はありませんよ、という意味で使った。

会見をオンタイムでフルに見た印象と、時間が経過した後で会見の一部を切り取られたかたちで見る印象はおのずと異なる。

前者では、前後の文脈から一般的な事項について言及しているのではないことを正確に受けとめてもらえたはずだし、私が話すときの口調や表情といった全体の態度を判断材料にできたと思う。

情報発信の3つの基本

3・11では、官房長官会見以外にも保安院や東京電力の会見が開かれた。ある会見を見ていると、記者からの質問に答えられず、しどろもどろになっていた。あるいは、事実が分からないために右往左往しているのか、急に聞かれたので確認しなければ答えられないのか、その区別がつかない対応をしていた。

これでは国民に無用な不安を煽るだけだ。そう思った私は、会見に向けて3点を指示した。

第一に、一般の国民が聞いても分かるような言葉を使うこと。

第二に、発表する際は同時に官邸に情報を入れること。

第三に、分からないことは分からないと明確に言うこと。

この3つは、政府が情報発信する場合の基本事項だ。

第一。情報の発信者が受け手に対していかに分かりやすく情報を伝えるかは、リスクコミュニケーションの基本となる。たとえば、原発事故の現状について専門家が私たちに報告をするときは、素人にはほとんど理解できない説明をする。

しかし、少なくとも私が理解できなければ、国民が理解できるはずがない。専門家の判断を素人にも理解できるように聞き出すには、専門家ではない人間がきちんと情報の発信にコミットする必要がある。

第二。集約した情報を発信する際、同じ発信主体から異なる情報が出れば、受け手は混乱する。発信主体が政府の場合、部署間での情報の共有は大前提となる。

その情報の共有が当初できていなかった。政府内の部署で発表した事実を政府のトップたる官邸が知らないまま、異なる情報を発信したことがあった。

記者会見で発表する以上は、少なくとも同時に官邸に報告するよう厳命した。これは組織内の情報伝達の手続きにおける基本である。

この指示が保安院などの情報発信が遅れる原因になった、との指摘がある。同時報告を求めた指示が、「会見には官邸の了解を要する」と曲解して受け止められたとするものだ。指示内容の徹底がなされなかったとしたら反省すべきであるが、指示そのものは間違っていなかったと確信している。

第三が重要だ。そもそも分からないのか、それとも調べれば分かることを調べていないから分からないのか、その場合は調べて答えるのか。それらをしっかり整理した上で、「分からないので調べて答える」などと、今後の対処を含めて明確に話さなければならない。

しかし、状況が不確実なのにもかかわらず「多分、大丈夫だと思う」、あるいは逆に「大変まずい状況になる可能性がある」という発信は、どちらも不正確で不適切だ。

分からないことは分からないと言うしかない。それは自分自身でも気をつけた。「少なくとも今の時点ではこうだ。ここから先のことについては分からない」「こういう可能性はあるが、現段階では分からない」と現状のニュアンスをしっかり出すように意識した。

人間はすべてのことを知りうるわけではない。その場所に謙虚に立つことだ。

第1章

負の再分配と成熟した豊かさ

——脱近代化社会の構想

一生懸命働いて、いい給料をもらって、
いい生活を送るという人生設計は、すでに時代遅れだ（60ページ）

政治ができることは限られている。
あなたの生きがいを私がつくってあげることはできない（61ページ）

みんなが成熟した豊かさを手にするためには、社会全体で
コストとリスクをシェアしていかなければならない（63ページ）

飛躍的な経済成長や、カリスマによる既成秩序破壊や、
即効を謳う改善策は、もはや幻想でしかない（70ページ）

既成秩序を壊さなければならない政治が、
国民から拍手喝采で迎え入れられるはずはない（71ページ）

1 大量生産型社会の終わり

■坂の上に雲はない

日本の近代化の歩みは、司馬遼太郎の歴史小説の題名『坂の上の雲』にたとえられる。このタイトルには、封建の世から目覚めた日本が、ひたすら追い求めた欧米近代国家への熱い思いが込められている。

確かに日本は１８６８年の明治維新から近代化という「坂の上の雲」を目指して歩み、１９８０年代後半のバブル期、その頂にたどり着き、雲をつかんだ。たどり着いた先で上を見て、まだ雲がないかずっと探し続けているのが、この20年だった。

だが、もう上を見ても雲はない。日本はすでに頂で雲をつかんだのだ。振り返ると、やはり坂の上の雲を目指して、新たに歩んで来る人たちがたくさんいる。中国、インド、韓国、台湾、東南アジア、南米の国々——。

山の頂に立ち止まっていたら、後から来る人たちに押し出されて崖から落ちてしまいそうになっている。

私たちは頂から山の峰をそろそろと歩んでいかなければならない。坂の上まで登っていくルートはたくさんあるが、峰をたどる道は細く険しい。一歩足を踏み外せば転落する。両側は断崖絶壁かもしれない。しかし、そこを歩んでいかなければ、後続に追い落とされるだけだ。

それが、今の日本が置かれている状況である。

日本は今、こうした大きな壁に直面している。おそらくこれは先進国すべてが直面している壁だ。

その壁は、私たちがこれまで歩んできた近代化というプロセスの限界を示している。近代を達成したことによる壁とも言える。そして、日本はその先頭に立っている。

明治以来の先人たちが日本を山頂まで押し上げてくれた。今からどうすれば高い峰の上から前に進んでいくことができるのか。

大事なのは、坂の上を目指して歩んでいるときと、細い峰を歩んでいるときとは、目指す方向も歩き方も違うということだ。足元をしっかり見て考えなければならない。

時代認識をしっかり持ちながら、これからの政治や経済、社会のあり方を考えてみたい。

■突きつけられた近代化の限界

近代にはさまざまな定義があるが、経済史的な視点から言えば、規格大量生産、大量消費の時代を指す。世界史では18世紀後半のイギリスの産業革命をその幕開けとし、日本では明治維新が始まりだった。

近代化は、科学技術の成果によって生産力が飛躍的に伸び、生活の水準が向上するプロセスを指す。

それまでとは比較にならないような大量生産、大量消費が可能になった時代。これがここ200年の世界であり、日本だった。

先進国と比べると、日本は産業革命には遅れて参入した。安くて良質の製品を大量に作り、それを世界に売って外貨を稼ぎ、経済を動かしていく。明治維新以来、日本はそうしたスタイルで経済成長を遂げてきた。

とくに戦後の復興から高度成長の時代は飛躍的な成功を収めた。1945年の敗戦によって衣食住すべてに逼迫した地点から出発した日本の経済は、急勾配の伸びを示した。

私が生まれた1964年（昭和39年）は、東京オリンピックが開かれ、東海道新幹線が開通した年だ。

当時の池田勇人首相は「所得倍増計画」を掲げ、61年から10年間で日本人の所得（国民総生産）を倍にするという経済計画を打ち出した。日本経済は予想を上回る速さで成長し、計画はわずか7年で達成された。

しかし、やがて近代化のひずみが拡大し、壁に行き当たる。1980年代後半のバブル景気は、近代化プロセスの最後のあだ花だった。90年代はじめにバブルが弾けたことで、私たちはその限界をリアルに突きつけられることになった。

近代化の限界に達したのは、言ってみれば近代化が見事に成功したからだ。日本は戦後のあるとき、近代化のトップランナーに躍り出て、その結果として、いち早く壁にぶつかったわけだ。

こうした時代の変化は「戦後の終わり」として語られがちだが、そこで終わったのは戦後ではなく、本質的には明治以来、日本が歩んできたプロセスが限界を迎えたのであり、その意味では、もっと大きな歴史的節目と私は捉えている。

そして今、近代化を成し遂げた先に何があるのか見えない中で、日本は立ちすくんでいる。

経済成長は鈍化し、国民1人当たりの所得の伸びはマイナスとなっている。政府の赤字は膨らみ続け、少子高齢化が急速に進んでいる。格差が広がる中で若い世代は将来に夢を持てなくなっている。

それが、この20年の日本の停滞状況だった。2011年3月の東日本大震災と原発事故は、その限界をより明確なかたちで突きつけた。

これは世界史レベルの話であり、日本はもはやその時代の流れに抗することはできない。

人口減少や少子高齢化も先進国が抱える重要な社会テーマだが、むしろこれらは現象面におけるひとつの要素にすぎない。最も本質的な問題は、大量生産・大量消費型社会が終わりを告げたということである。

■新興国の追い上げ

国外に目を転じると、高度成長期の日本のように、急速に経済成長している国々が次々に現れてきている。13億人という世界最大の人口を擁する中国。10年以内には中国を抜いて世界一の人口になるとされるインド。

1950～70年代の日本がアメリカ、ヨーロッパの豊かさを目指したように、中国やインドが豊かな社会を目指して坂道を駆け上っている。韓国、台湾、そして東南アジア、南米の国々がそれに先行し、あるいはそれに続いている。

2011年にはチュニジア、リビアなどアフリカ北部、中東の国々で次々と独裁政権が倒れた。自分たちも日本や欧米のように豊かな生活を送りたいという国民のフラストレーションが、一気に爆発したかたちだ。

こうした国々では圧倒的に人件費が安い。

2000年代の半ば、中国の人件費は日本の50分の1だった。急激な成長によって2012年現在は日本の6分の1ほどに上がったが、それでもまだまだ中国は農村地域に低賃金で働く人々を数多く抱えている。

そして中国の背後には、さらに安い人件費で働く東南アジアの人々がいる。

日本が30〜40年前に成功したビジネスモデルは、途上国から安く買った資源と欧米より安い労働力で作った製品を、安く大量に売るというシステムだった。多くの先進国が、同様のシステムによって経済大国にのし上がった。そのシステムは、この20〜30年の間に必然的に経済のグローバル化をもたらし、新興諸国も近代化の道を歩み始めた。

もちろん、途上国はまだまだ残っているが、かなりの国が次々に近代化のプロセスに入って、自国で大量生産と大量消費を始めていることは確かだ。

これまでのやり方は、もはや通用しなくなった。資源を安く手に入れることができないうえ、より安い労働力を抱える国々が、より安い商品を供給するため、先進国は価格競争に勝てなくなったからだ。そして、この流れは止まりそうにない。

先進国は全体的に行き詰まっている。しかし、近代化にはヨーロッパが先行したにもかかわらず、その達成と限界に日本が先に行き着いたのはなぜだろうか。

■日本は近代化の優等生だった

壁にぶつかっていることは、アメリカもヨーロッパも共通している。少なくとも今から50年も経てば、どの国も同じ土俵に立つことになるだろう。ただ、ほかの国は〝壁への衝突〟をやわらげる手だてを持っていた。たとえば、アメリカやフランスは移民を積極的に受け入れることで、国内に常に貧しい層を抱え、それを成長の糧にすることができた。

しかし、日本は成長速度が急激だったうえ、資源を輸入に依存せざるを得なかった。さらに先進国でほぼ共通して起こっている少子高齢化、人口減少という現象が急激な勢いで進み、既存の産業構造が空洞化している。

言ってみれば、日本は近代化の〝優等生〟だった分、いち早くその壁に直面したわけだ。

もちろん、長期的に見れば、アメリカも脱近代化を迫られている。高い失業率、産業の空洞化という問題は、どの党が政権をとっても、どんな政策を打ち出しても解決困難だ。そこは日本と変わりはない。

中国も急速に脱近代化を求められていくことになるだろう。中国は日本以上のスピードで少子高齢化が進んでいるからだ。

世界中のすべての国が近代化を成し遂げて、人件費が同水準にならされるまでには、100年、あるいはもっとかかるかもしれないが、いずれ確実にそのときはやってくる。

この200年の社会モデル、経済モデルでは、もはや制度設計できない世界になった。これが「現在」の世界史的な位置づけである。

2 「成長」から「活力の維持」へ

■成長幻想の終わり

近代化を達成した日本で、経済が好転することによってGDP(国内総生産)が飛躍的に伸び、国民の生活水準が急激に良くなる時代はおそらくもう来ない。日本はそれをしっかりと自覚すべき時代を迎えている。

経済成長期は日本が手にするパイ、つまり富はみるみる増えていった。この時代の政治の役割は、大きくなったパイをいかに国民に適正に配分するかという「富の再分配」だった。このプロセスでは、世の中に生じるさまざまな矛盾を大きくなるパイが吸収することができた。

しかし、１９７０年代の石油ショックから低成長時代に入って、パイの拡大は限られたものになった。ここ30年の政治は、パイの拡大を国民に再分配することができない状態にある。

全体のパイが大きくならなければ、個々への配分は良くて現状維持である。同時に、社会の矛盾を解消したり公平感を確保したりする過程で、コストやリスクというマイナスの側面を個々が背負うことを余儀なくされる。

つまり、経済成長を前提としないパイの再分配は負の配分を伴わざるを得ない。現代はコストやリスクをどうやってみんなで公平に分担するのかという「負の再分配」の時代に入っている。

私たちは、成長幻想や改革幻想といった夢から覚めて、その現実に向き合わなければならない。

■国家百年の計

現在、政府は「名目３％の成長率」を経済運営の目標に掲げている。その目標自体を否定はしない。

仮に3％の経済成長が達成できたとすれば、確かにわずか3％でも経済学的には成長なのかもしれない。しかし、国民の素朴な庶民感覚として、それを「成長」と受け止めることができるだろうか。

とくに高度成長期からバブル時代までを知る世代にとって、政府や経済学者が言う「成長」は、自分たちが経験的に知る成長とはまったく違う感触をしているのではないか。

数字の上でGDPが若干大きくなったとしても、それによって実現できるものは高度成長期における成長とは質的に異なる。

それは「成長」というよりも、「経済の活力を維持する」という言い方のほうが、まだ庶民感覚としてはぴったりくるのではないか。

もっとも、現在では「経済の活力を維持する」ことすら簡単なことではない。

大量生産、大量消費型の経済が通用しなくなった今、日本が活力を維持する方法があるとすれば、ひとつは日本でなければ生み出せないものを売ることであり、もうひとつは外国に投資してリターンを得ることだ。

後者は目先の政策としては大事かもしれない。しかし、「国家百年の計」というスケールで見た場合に将来性はない。50年先、100年先を見すえれば、何かを生み出し、売るという実業の世界でやりくりしていくことを考えなければならない。

■価値創造モデルへの移行

では、具体的にどうすればいいのか。第2章から第5章で詳述するが、ここでは概略を記す。

現在の日本経済について、私は「痩せ我慢の経済」と表現している。企業は国際的な価格競争に勝つために賃下げ、値下げをすることで、なんとか堪え忍んできた。

その結果、労働所得は低下し、消費も低迷する。そしてデフレがさらに進むという悪循環、縮小連鎖が続いてきた。この背景には2つの構造的な行き詰まりがある。

ひとつは、これまで述べてきた高度成長時代の規格大量生産型モデルが限界に達しているということだ。

もうひとつは、これまでの大量生産体制を支えてきた「終身雇用・正社員・男性中心」という就労モデルも限界に達している。これらの結果として、低賃金の職種が増え、日本の分厚い中間層が崩壊しつつある。こうした行き詰まりを打開するためには、産業構造と就業構造の双方を転換する必要がある。

まず、産業構造の転換とは、近代の大量生産・価格競争型モデルから、価格以外で勝負できる商品やサービスを新たに生み出す価値創造型モデルへの移行である。

日本にはすでに「ものの豊かさ」はある。さらに成熟した豊かさへのニーズに対応することによって、潜在的な内需を掘り起こすとともに、新たな海外事業を開拓する。この国内と国外での展開が、日本経済を回す両輪となる。

内需の喚起はさらに2つの分野に分けられる。

まず、少子高齢社会への対応だ。医療保険や介護保険、子育て支援といった公的保険・公的扶助をコアとして、その外側にニーズが高まっている医療や介護や子育てに関わる新しい民間サービス産業を生みだす。

次に、エネルギー政策の転換だ。3・11を契機に現行の電力供給システムは抜本的に変わる。脱原発依存の流れから太陽光や風力を利用した新たなエネルギービジネスの発展が加速している。スマートコミュニティなどにも、一大産業群の創出が期待できる。

こうした内需拡大に加えて、海外展開をどうするか。日本の技術力活用に加え、アニメやファッション、伝統工芸、日本食など日本的価値を産業化する「クール・ジャパン」戦略に力を入れる。日本でなければ生み出せない、ものやサービスの産業化と海外展開を政府としても後押ししていく。

こうした新たな価値を生み出すためには、異なる価値観や発想がぶつかり合うための多様性が必須となる。すなわち、新しい価値を生み出す原動力となるのは、多様な人材だ。

多様な人材を生かすためには、もう一方の行き詰まりである就業構造、つまり働き方の仕組みを転換しなければならない。高度成長期に形づくられた画一的、硬直的な「終身雇用、正社員、男性中心」モデルでは、成熟した豊かさに見合う新しいビジネスを生み出すことはできない。

女性、若者、高齢者、障害者、外国人など、さまざまな知識、経験、文化的背景を有する人材を取り込んでこそ、新しい価値に基づくイノベーションにつなげていくことができる。

そして、働き方の仕組みを変えることは、女性の能力活用や家族、子育てのあり方、若年層の雇用確保、定年退職者のセカンドキャリア創出など、社会の仕組みそのものを変えていくはずだ。

3 新しい幸福のかたち

■世代による意識差

こうした時代の大きな変化を私が実感したのは、実は豊かさに対する世代間の意識差がきっかけだった。

私は高度経済成長のさなかの1964年に生まれた。頑張ってお金を稼ぎ、家の中の電化製品が充実し、車やマイホームを買って、海外旅行にも行けるようになる——。昭和の後半に生まれ育った私たちは、いわば「成長」という名の近代化を個人の生活で実感したぎりぎりの世代だ。

それまでは「一生懸命に頑張らなければ欲しいものが買えない」という感覚を世代全体として共有していた。

頑張って良いものをたくさん作れば自分の暮らしが目に見えるかたちで良くなる、そういう実感を持っていたのは、60年代生まれまでだろう。

国民の意識としては、70年前後に生まれた世代にひとつの境目があるのではないだろうか。70年代以降は、生まれたときから周りにものがそろっていた。一生懸命働いて、いい給料をもらって、いい生活をすることへのあこがれはなくなるか、あるいは非常に希薄になった。

さらに80年代後半、バブル景気によって日本は一時、世界第2位の経済大国にまで上り詰める。そこが日本経済のピークだった。

バブルが崩壊するのが90年代はじめ。ここにもうひとつの世代の境目がある。それ以降は物価の上昇を知らずに育った世代となる。

■豊かな世代の人生設計

こういう変化の後に生まれ育った今の大学生以降の世代は、生まれてからずっと景気は横ばいか下り坂の社会だ。そこに不満を感じつつも自足している状態。「就職先がなければ困るし、勤め先が潰れたら困るけど、今あるそこそこの豊かさが守られれば仕方ないかな」という感覚なのではないだろうか。

私よりも上の世代のように「みんなで頑張って、もっと豊かになろう」というメッセージが、彼らにそのまま届いているとは思えない。「坂の上の雲」を目指していたときのような「上を目指す」気力を彼らに求めても見当違いのような気がする。

「今の若者は海外に出ようとしない」と上の世代は嘆く。確かに私が子どものころ、海外に出ることは特別なことで、特別な人でなければできなかった。身近な人が海外に出張するといえば、親族をあげて見送りしたものだ。

しかし、今はいつでも海外情報にアクセスできるし、行こうと思えばいつでも行けると若い世代は感じているだろう。海外行きを訴えても、ピンと来るはずがない。

生まれた時からものがそろっていれば、物質的な豊かさにありがたみを感じ取れないのは当たり前だ。テレビが地デジ化され、固定電話が携帯電話になり、スマホに変わって便利になっても、私の世代までが得た、白黒テレビに色がついたときの感動や、自宅に電話がついたときの劇的な喜びはないだろう。

一生懸命働いて、いい給料をもらって、いい生活を送るという人生設計は、すでに時代遅れだ。今より暮らし向きが悪くなるのは困るが、生活レベルを良くするためへの意欲は湧かないのが実情だろう。

しかし、目標や生きがいを持てない社会は、人々が活力を失ったうえ、分散化して秩序を失っていく。このままでは安定した社会が成立しない。

■自己実現を阻むリスクの分散

もはや幸福の基準は、ものや金銭ではなくなった。では、若い世代が生きる目標、意欲、活力、つまりインセンティブとなるのは何だろう。

結局、衣食足りたときに、インセンティブになるのは、それぞれの「自己実現」である。聞き慣れた言葉だが、自分の持つ能力や可能性を最大限に発揮したいという欲求は、時代を超えて普遍的なものだ。

歴史的に見れば、長らく物質的な豊かさを追求してきた人類は、ここに来て、ようやく自らの生活の質を高めることを人生の中心テーマにできる時代を迎えた。自己実現ができたという達成感と充実感が、これからの幸福をつくる。私はそれこそを「成熟した豊かさ」と呼びたい。

その中身は、それぞれが自分で見つけて決めるしかない。結婚して子どもを育てることでもいい。ボランティアでもいい。お金持ちになりたいでもいい。

その意味では、自分の達成感や充実感を軸に考える社会は、人々の多様性を認める社会、真にリベラルな社会でもある。

そんな中で政治ができることは限られている。あなたの生きがいを私がつくってあげることはできない。

政治は幸福をつくることができない。政治ができるのは、それぞれが自己実現できる可能性を高める環境をつくることだ。それぞれの生きがいを実現するためのプラットフォームとしての社会政策を実行していくことである。

その意味では、菅直人首相時代のスローガン「最小不幸社会」は、政治的なメッセージとしてはネガティブでも、時代の本質を突いていた。

今の政治ができることは、国民の幸福を最大にすることではなく、それぞれの不幸を最小にすることだけである。それぞれの不幸を最小にしながら、一人ひとりがそれぞれの豊かさを追求していけばいい。

社会の物質的な豊かさが、ある程度維持されていることは大前提だ。その上で政治の役割は、今の豊かさをきちんと保ちながら、それぞれの自己実現を阻んでいるリスクを減らしていくことだ。

たとえば今、自己実現を阻害する要因として確実に拡大しているのは「介護難民」だ。介護システムが十分ではない結果として、家族の介護のために仕事をやめざるを得ない働き手が、男女を問わず増えている。このまま放っておけば、介護難民は急カーブを描いて増える。そうなると、社会の活力は確実に低下する。

本人や家族の病気やけがが、介護に要する負担を分散しなければ、それに拘束されて自己実現の機会が奪われる。

自己実現を自由に求める土台を確保するために政治がなすべきは、たとえば社会保障や失業対策を充実することである。そのためには、税金や社会保険料を増やすことが必要になる。

現代において、みんなが成熟した豊かさを手にするためには、社会全体でコストとリスクをシェアしていかなければならない。それが私の言う「負の再分配」の時代である。

■小さなフィールドの可能性

個々が成熟した豊かさを追求するためには、これからはそれぞれが「小さなフィールド」で活躍することが重要になる。

自己実現の前提として、私たちは自分の存在価値を、まず所属する共同体で認知してもらわなければならない。

たとえば国という単位で自分の存在意義を認めてもらうのはハードルが高すぎる。オリンピックのメダリストのように、世界一や日本一になって充実感を味わえる人はごく一部だ。

みんながそれなりに充足感を味わうには、できるだけ分散化した場で、それぞれの居場所を見つけて活動していくことだ。地域活動、NPO、学習や趣味のサークル……。

社会の複雑化と専門化に伴って、人々の価値観や志向は多極化している。活動のフィールドは小さければ小さいほど、自己実現できる可能性は高くなる。

震災のボランティアが絶えないのは、やはりそこに自分の居場所や役割を求めているからだろう。自分の存在と活動が被災者の支えになるという現実から、人は生きる活力を与えられる。

充実感や達成感を目に見えるかたちで得られるのは働く場だ。であれば、今後、日本経済を支えていく中小企業が、自己実現の豊かなフィールドとなるだろう。

社会的リスクの低減という視点から見れば、小さなフィールドでの自己実現は、政府が取り組んでいる「社会的包摂戦略」のテーマでもある。「社会的包摂」とはさまざまな生活困難を抱えた人間を社会的に排除せず、社会の中に包み込むことを意味する。

現在、地域や職場、家庭、学校といったコミュニティから孤立して、疎外感を味わいながら、生きにくさ、暮らしにくさを感じている人が増えている。東日本大震災の発生によって、被災地や避難地域でもそのリスクは高まっている。

社会的に排除されると、内側に現状に対する不満を積もらせ、積もった不満を発散する場を求めるようになる。

そうした社会的リスクをなくすために政治ができるのは、人々に居場所と生きがいを見いだすようサポートしていくこと、あるいはそれを阻んでいる社会的な要因を取り除くことしかない。

■家族の価値を享受する

多くの人たちが、それぞれの自己実現の場を考えたときには、おそらくコミュニティの再生というテーマにつながらざるを得ない。地縁や血縁、最近は国際的な連帯やインターネット上の集まりもコミュニティと見なされるようになっている。

コミュニティの最小単位は家族だ。

家族のあり方自体はそれこそ多様であるべきで、それを政治や行政が強要するべきではない。しかし、家族が本来的に持つ価値をもっと享受できるよう、それを阻んでいる要因を取り除くことこそ政治の役目である。

たとえば、女性が働きやすい雇用と職場環境にする。そのために夫婦共働きでも子育てができるよう保育サービスを充実させる。6時に帰宅できるよう労働環境を変える。要介護者が出ても家族に過度な負担がかからないようにする……。

つまり生活に経済的、時間的、精神的な余裕を確保することで、家族の価値を享受できるようにする。ここまでは政治が担う。そこから先、どういう家族をつくるかは、それぞれが決めればいい。

これは脱近代化社会における、家庭の豊かさと幸福に関わる問題だ。

経済はもう大幅には成長しない。社会保障の負担が否応なく増える。すると実質的な可処分所得は減る。

もしこれまで通り、残業や転勤、単身赴任を余儀なくされて、最低限の休暇しか取れないのなら、それは豊かな暮らしとは言えないだろう。

しかし、同じ世帯収入で、たとえば夕方6時に夫婦そろって帰宅できれば、それはひとつの豊かさと言えるのではないだろうか。あるいは、残業した時に子どもを夜まで安心して預けられる保育所が確保できれば、生活の質は上がったと言えるだろう。

ベースとしての豊かさはある。もちろん、ワーキングプアなど解決すべき問題はあるが、それなりの収入を得ている中間層をしっかり守り、その中間層がそれぞれやりがいを見つけることができれば、それは日本の成熟した豊かさを支える基盤になる。

■時代の終わりを共有する

私たちは産業革命以来の立ち位置、とくに日本の戦後復興から高度成長にかけての立ち位置を、もう一度見直さざるを得ない状況にある。

この100年は、国が豊かになれば国民も幸せになれるというモデルでやってきた。

しかし、幸せのかたちはそれだけではない。これまで積み上げてきた物質的な豊かさの上に生活の質を加えれば、それは新しい幸せのかたちになる。

たとえば、東日本大震災ではボランティアや地域のつながりの重要性が再認識された。近代化の中で置き去りにしてきたものは、ものの豊かさに加えて、これからの幸せのコアになるだろう。

これから前に進むために必要なのは、「近代化というプロセスが終わった」という意識を社会的に共有することだ。終わりのけじめをつけなければ、先の時代には進めない。その意味で、私たちに最も求められているのは意識改革そのものである。

視点 「政権交代」

変化の入り口

政治不信や格差の拡大、コミュニティの崩壊……。日本においてさまざまな分野で噴き出している問題の多くは、近代化プロセスの限界に直面しているがゆえの矛盾の表れだ。

その矛盾を転換していくための変化の入り口が、２００９年秋の自民党から民主党への政権交代のはずだった。

衆議院議員総議席の3分の2を占める歴史的な圧勝を果たしたものの、当初7割を超えた内閣支持率は、半年間で2割前後に落ち込んだ。

反省を込めて言えば、国民の支持を急速に失った原因は、本来なら変革に相当の時間がかかる課題について、あたかもすぐにできるかのような幻想を国民に与えたためだ。

そのために、マニフェストに盛り込んだ農業者戸別所得補償制度や子ども手当てなども、自民党時代と同じ〝ばらまき政策〟とみなされた。

膨大な財政赤字の中で、予算配分を大幅に変えて喫緊の課題である社会保障などに振り当てるとなれば、多くの既得権益を壊すことになる。しかも高齢社会の進展に合わせた社会保障には、いっそうの財源を要するために大幅な増税が必要となる。本来なら内閣をいくつも潰さなければできないことだ。

日本の政治は、消費税率を引き上げるだけで、これまで内閣を2つも3つも潰してきた。多くの困難と時間を要する課題を、1回の選挙で解決できるという誤解を、多くの人々に与えてしまったのではないだろうか。

改革という幻想

現在、国民に伝えるべき内容は、「大きくなったパイをどう分配するか」ではなく、「どうやってみんなでコストを負担し合うか」というマイナスの配分について である。

増税に象徴される「負の再分配」は本来、国民にコスト分担と責任の共有を迫る内容だ。

民主党の政権交代は、そうした時代の転換の内実を国民と十分に共有できないまま、「これで日本は変わる」という期待感だけを煽ったのではないかと、忸怩たる思いである。

国民との間だけではない。民主党の内部でも、私たちが進むべき方向が明確に意識化できていたとは言えない。それは2012年7月の消費税増税法案をめぐる離党者の続出というかたちで顕在化した。

近代化を達成したことによって生じる問題は、脱近代化の社会システムをつくることによってしか克服できない。そのためには、政治は国民にコスト分担と責任の共有という覚悟を迫らなければならない。

それ抜きでは、国民の間にはいつまでも〝改革幻想〟がくすぶることになる。

しかし、多くの国民はもう気づき始めている。飛躍的な経済成長や、カリスマによる既成秩序破壊や、即効を謳う改善策が、もはや幻想でしかないことに。

大衆迎合的なやり方で「風」を受けて大勝する選挙は、すでに2回失敗している。２００５年の小泉郵政選挙と09年の政権交代選挙だ。

本来、時代の転換のために既成秩序を壊さなければならない政治が、国民から拍手喝采で迎え入れられるはずはない。国民の幻想と期待感に基づく「圧倒的民意」や「旋風」が、やがて失望に変わるのは理の当然だった。

今も国民に改革幻想を追い求める空気はある。しかし、3度目となると、事態はそろそろ変わるのではないか。

すでに時代認識の共有に向けた模索は始まっている。政治と国民の関係は、次のステージに入る段階を迎えている。

第2章

脱原発依存への道

――エネルギー政策

1日でも早く原発を廃絶したい。その思いは誰よりも強い（77ページ）

脱原発依存を郵政改革にしてはいけない（85ページ）

宣言だけして、揺り戻しがあるようなかたちで政策を進めても、それは自己満足と保身でしかない（同）

官邸周辺のデモは有効である（87ページ）

本来ならば、東京を含む都市部に中間貯蔵施設を建設し、使用済み核燃料の受け入れを求めることになる（97ページ）

脱原発依存の加速は日本経済にとってプラスになる（103ページ）

1 政治の責任と役割

■エネルギー多消費型社会からの転換

これまでの大量生産型社会は、電力を必要なだけつくって、必要なだけ使う大量消費型社会でもあった。石油資源を持たない日本は、資源確保に努めるとともに、電力を原発に依存する社会を築いてきた。

近代化のプロセスで求められた、このエネルギー多消費型社会は、新興国が次々と近代化する中、資源価格の高騰や温暖化などで、すでに限界を迎えていた。地下資源を大量消費してエネルギーをつくるという従来の発想から、限られたエネルギーを最大限に効率化して使う、あるいは再生可能な自然エネルギーを増やすという発想への転換。すなわち省エネルギーと新エネルギーこそが、脱近代化の象徴と言ってもいい。

実際、国際的には近年、ＥＵに続いてアメリカ、さらには中国、インドなどの新興国も加わって、再生可能エネルギーの導入を加速させてきた。各国の普及促進策に後押しされて、関連ビジネスも急成長している。

エネルギーの分野で、世界市場は２０１０年から２０２０年までの10年間で３倍近く拡大する見込みだ。エネルギーの転換は世界共通の課題である。

しかし、日本においてエネルギー多消費型社会の限界は、原発事故という最悪のかたちで突きつけられた。

原発に依存していたコストは、私たちの想像をはるかに超えて大きかった。日本は原発事故に押されるかたちでエネルギー政策の転換を迫られることになった。

■原発をめぐる原点

当時、官房長官だった私は、原発事故にある意味最も近く、最も深く向き合った一人だ。

そのとき目の当たりにしたのは、近代技術の粋を集めた原発が、自然災害の前にあっけなく敗退するさまだった。私はそのことに驚き、恐れ、苛立ちながら対応に追われた。原発をめぐる私の基本はここにある。

私は1日でも早く原発を廃絶したいと考えている。その思いは、直接被害を受けた福島などの人たちを除けば、誰よりも強いと自負している。それが脱原発依存に向けた私の率直な立ち位置だ。

原発は事故の発生確率を下げる努力をしながら、できるだけ早くなくすべきだ。しかし、原発をなくすことは同時に、その「後始末」に着手し、「反作用」と向きあうことを意味する。最大の課題は使用済み核燃料と廃炉の処理である。高レベル放射性廃棄物という極めて深刻な問題となるゴミを、どこがどんなかたちで引き受けるのか。

脱原発依存とは、最も深刻な「負の再分配」に直面することでもある。私たちはこの逃れようのない事実としっかり向き合って、脱原発依存の道を確実に歩んでいかなければならない。

■やめ方を間違えてはいけない

日本が原発をやめなければいけない理由は、エネルギー多消費型社会からの転換と同時に、リスクが顕在化した場合の被害の大きさである。それは他の事故とは比べものにならない。

現在の原発をさらに安全にして、事故が発生する確率を下げることは可能だ。しかし、決してゼロになることはない。

とくに、日本は地震や津波のリスクが突出して高い。加えて、非常に人口が密集している。原発のリスクが顕在化した場合、被害の規模は他の国と比べてはるかに大きくなる。つまり、日本は原発のリスクを抱えるには適していない。

原発はかかるコストが比較的安い、とこれまで言われてきた。しかし、事故で生じた除染や賠償、廃炉の費用だけをとっても、はるかに高くつく。

そのリスクの大きさを考えると、原発は社会的にも経済的も割に合わない存在だといえる。それは今回の原発事故で、あらためて証明された。

原発はやめなければいけない。しかし他方で、やめ方を間違えてはいけない。ただ、危ないから早くやめるべきだ、早くやめようと言うだけなら、それは政治ではない。

どうやったら確実にやめられるのか。それを考えて、そこに一歩でも近づけるのが政治の責任であり義務である。

■どれだけコストを負担できるか

原発をやめたときに、世の中に及ぼす多大な影響、反作用をどうクリアするか。それに対する対策なしに無責任な決定はできない。

まず、原子力に代わるエネルギーをどうつくるか。これについて私は楽観している。後述する省エネと新エネで克服は十分可能だと考えている。

問題は、原発をなくすときに、そのプロセスで一定のコストがかかるということだ。どれくらいの期間で、どれくらいのコストなら国民は受け入れることができるのか。その受け入れるプロセスをどうするか。問題はこの点に尽きる。

多くの日本人は、原発はできるだけ早くなくしたいと考えている。ただ、原発廃止に伴うコスト負担についての意見は分かれている。「どんなにコストがかかってもすぐにやめたい」という人から、「コスト負担を考えれば、やめるには時間をかけるべきだ」という人までさまざまだ。

いずれは原子力を必要としない社会は実現する。しかし、それまでの期間を短くしようとすればするほど、国民が一定期間に負担するコストは重くなる。

今なら多くの人々は、自宅の屋根に太陽光パネルを設置する負担にある程度協力してくれると思う。しかし、たとえば半年で一気に既存住宅のすべてにパネル設置を義務づけると言っても応じてくれるだろうか。

電力料金も、脱原発のためなら10%、20%程度の値上げなら受け入れるかもしれない。だが、それが30%、40%に上がったとき、多くの人々が納得してくれるとは限らない。

脱原発依存はなるべく早く実現したい。だが、急激に進めれば社会の同意が得られない。その中で折り合いをつけていくしかない。

■弱者を直撃する電力不足

実際に原発を止めたときのことを考えてみる。今後は太陽光発電などの新エネルギーが普及するとしても、現状では、少なくとも20〜30%の節電が必要になる。また、原発の停止分を火力発電で代替する際の燃料費増加に伴って、電力料金は値上げせざるを得ない。過渡的には30〜40%増という大幅な値上げもありうる。

さらに、火力発電に要する原油価格が2倍になったり、中東危機が起きて輸入できる原油の量が半減したりする可能性がある。そうなれば、電力料金が極端に上昇し、さらには電力が供給できなくなって、計画停電を実施せざるを得ない事態が生じうる。

計画停電や電力不足は、社会的弱者を直撃する。

東電の計画停電の時にも痛感したが、停電によって自家発電機のない病院の入院患者、自宅で人工呼吸器を使っている患者が、命の危険にさらされるリスクを排除できない。

中小・零細企業には、電力が不可欠な業種が多々あり、操業中止を余儀なくされる。大企業は日曜に操業をシフトすることでしのげるが、それに合わせて部品を納める下請け・孫請け企業は休日を取れなくなる。

昼間休んで夜間に操業する対策は長くは持たない。電力不足や電力料金値上げのせいで倒産を余儀なくされる中小企業が相次ぐかもしれない。大企業においても海外移転等で雇用に大きな影響があるだろう。

この想定が現実のものとなる確率は、おそらく重大な原発事故が起こる確率よりも相当高い。しかし一方で、いったん原発事故が起こったときの被害は甚大だ。このリスクをどう比較考量するのかが今、突きつけられている課題である。

どちらもあってはならないが、この比較考量の中で双方を満足させる解はない。原発を動かした場合のリスクをどれぐらい抑え込めるか。あるいは原発を止めることで生じるリスクをどれぐらい背負えるのか。

どちらのリスクも無視することはできない。一方は多分起こらないという楽観論に立ち、他方は起こり得るという悲観論に偏る判断は極めて無責任だ。

原発をやめるために、他方のリスクとコストを最小化しながら進めていく。原油が入手できないリスク、原油が高騰するリスク、新エネルギーに切り替えるコスト、省エネ性能を高めるコスト……。

そのジレンマの中で、脱原発依存のために国民が甘受できる負担を正確に量りながらコンセンサスを得ていくことが、これからの作業になる。

■再稼働主張に潜むねじれ

2012年7月からの関西電力・大飯原発3・4号機（福井県）の再稼働は、そのジレンマの中で決まった。

再稼働は、安全性の確認と地元の理解が大前提だ。需給逼迫を理由に安全性の確認がおろそかになっては本末転倒である。

ただ、需給逼迫によって計画停電を実施したときに、最も配慮すべきは病人や中小・零細企業だった。医療用の電気機器への影響を含めて、社会のさまざまな場で支障が生じる危険性がある。

「節電でしのげる」という指摘があった。しかし、家庭用の電気使用量は全体の3分の1に過ぎず限界がある。産業用の節電については、自家発電の導入やエネルギー効率のいい機械に設備投資する必要がある。それができるのは大企業に限られる。

節電したくてもできない人たちが世の中にはいる。再稼働しなければ困るのは、病人とその家族、中小・零細企業の経営者という弱い立場の人々であることを私たちは忘れてはいけない。

ところが一方で、見かけ上、声高に再稼働を叫んでいるのは、経団連会長をはじめとする大企業群だ。再稼働を求める点では同じでも、彼ら強い立場の声ばかりが前面に出て、本来、最も切実に電力を要する人たちの声はその陰に隠れている。

そして、再稼働を決めた政府の論理も、大企業側の論理だけに引きずられたものとして、脱原発派から批判されている。

政治的な人気を得るためなら再稼働しないほうがいい。私の個人的な信念とも合致する。

だから、私は大飯原発を再稼働せずに済む、説得力のある理由をずっと探していた。しかし残念ながら、停電に伴う病人や中小企業等のリスクを考慮しても再稼働しないほうがいいと判断できる材料は出てこなかった。

いずれ止めることが前提の再稼働だが、「再稼働をきっかけに、原発推進に逆戻りしたのではないか」と脱原発派の人たちには受けとめられた。

実際にそう主張する原発推進派がいることは事実であり、政府がそうした推進派と同一視されたことは、説明不足との批判を甘受せざるをえない。

■脱原発依存を郵政改革にするな

脱原発依存は社会的コンセンサスを得ながら進めなければならない。でなければ、たとえ今、脱原発依存を宣言しても、選挙で政権が変われば、その決定は数年もしないうちに、たやすく覆される可能性がある。

郵政改革を見てほしい。あれだけ国民が熱狂的に支持した小泉郵政改革は、わずか5年で当たり前のように換骨奪胎された。それに自民党は賛同し、世の中も受け入れた。

私自身は「骨抜き後」のほうが、正しい郵政のあり方だと思っている。しかし、内容の問題ではない。脱原発依存も郵政改革のように、簡単に決定をひっくり返されることが十分にあり得るということだ。

脱原発依存を郵政改革にしてはいけない。

自分たちが抱える負担の程度と期間を国民で十分共有し、しっかり合意してから原発を止めなければ、いざ止まってから負担の大きさに戸惑うようなことになり、脱原発依存の流れは途絶えてしまいかねない。逆戻りする可能性さえある。

個人的な思いとしては、直ちにあらゆるコストを払ってでも即刻すべての原発を停止したい。国民のおおかたが合意してもらえるなら、私はそうしたいと思う。

しかし、脱原発依存の宣言だけをして、どこかで揺り戻しがあるようなかたちで政策を進めても、それは自己満足と保身でしかない。それは政治家の仕事ではない。

■抗議デモが力になる

原発停止が実際、将来にわたって社会に何らかの影響を与えることは間違いない。影響が出ることで「やはり原発は動かすべきだ」という人々が増えることをできるだけ抑えなければならない。

さまざまなことが起こっても後戻りしないように進める。そのためには、「できるだけ早く原発は止めよう」という認識を国民が共有する中で、「政府の動きが遅い」という声の挙がり続けることが、脱原発依存の推進力となる。

簡単な決定は、政権が交代すれば、簡単にひっくり返ってしまう。一瞬の勢いで原発が止まって「よかった、よかった」と安心せずに、「もっと早く止められないのか」とせき立てられながら脱原発依存を加速していくことが、一番の近道だと私は考えている。

大飯原発の再稼働は、脱原発を進める全国の人々から大きな批判を呼び込んだ。2012年6月に始まった官邸周辺の抗議デモは、9月現在も毎週金曜日に行われている。

このエネルギーが続く限り、私は長い目で見れば脱原発依存は早く実現すると考えている。

脱原発への関心とエネルギーを弱めることなく、「立ち止まるな」「逆行は許さない」という世論を持続させることだ。

その意味で、官邸周辺のデモは有効である。なぜなら、私たち政治家が単独で有する力には限界がある。背後に世論を持つことで、それが力となる。世論が盛り上がるほど、その力は強くなる。見かけ上、私も含めた政府への批判だとしても、私はそう受け止めている。

■安全性が再稼働の基準

再稼働の基準となる安全性は、少なくとも地震や津波に対する備えがあることだ。3・11以降、地震や津波で同様の原発事故が起こる可能性は小さくなっている。

しかし、菅内閣当時、九州電力・玄海原発（佐賀県）の再稼働は認めなかった。

緊急安全対策は施したが、地震や津波による事故が起こらないことについての確認が十分取れなかったためだ。

北陸電力・志賀原発（石川県）の場合は、「1号機の直下を走る断層が活断層である可能性が高い」と一定規模の専門家が指摘したため、再調査を命じた。活断層が確認されれば、志賀原発は廃炉になる。

大飯原発については、原発敷地内を走る軟弱な断層（破砕帯）が近くの活断層と連動して動き、地表がずれる可能性がある、と一部専門家から指摘があった。しかし、大飯原発の場合、ほとんどの専門家が活断層の可能性を否定した。それでも、念のために確認することになった。

「専門家の意見自体にバイアスがかかっている」との指摘がある。

しかし、専門家の意見について、現在が3・11以前と違うのは、すべて情報が公開されている点だ。どの専門家がどんな意見を述べたか、すべて国民に伝わることが前提となっている。研究者生命がかかった意見表明にバイアスがかかることは考えにくい。

万一事故が起こったとき、免震棟やオフサイトセンターが完成していないという指摘はその通りだ。しかし、その代替機能は整備させた。事故が起きる可能性は飛躍的に小さくなっている。

しかし、もちろんゼロにはなっていない。あとはリスクの比較考量となる。安全に絶対がない以上、すべての原発について、安全性に疑念を抱く指摘がなくなることはありえない。安全対策はすべて完璧かと問われれば、そもそも、人間のやることに完璧はあり得ない。しかし、それだけを理由に即時全廃にすることはできない。またそれが世論でもないと受け止めている。

2 脱原発へのプログラム

■2段階で原発ゼロへ

原発は、計画的、中長期的にやめていく。これに納得してもらうには、脱原発依存の姿勢とそれへの具体的なプログラムをより明確化していくしかない。

現実的な行程として、安全確認できた原発は再稼働するが、その検討のプロセスで安全基準に達していない原発は廃炉にする。さらに、安全度ランキングの低いところから計画的に廃炉にする。この2段階で原発ゼロに近づけていく。

全国の原発が有するリスクの高さには順位がつくはずだ。原子炉の型や運転開始からの年数、耐震性や地盤、万一の場合の避難の困難程度など社会環境も評価する。そのリスクの大きさと、地域の電力需要を考慮した全体構造の中で計画的になくしていく。

しかし、ランク付けには数年単位の時間がかかる。まず、安全性を評価できる専門家はそう多くない。また原子炉だけではなく、地震や津波の専門家も含めて総合的な判断を要する。各分野に1人では信用性に欠ける。

廃炉に至るまでの実際の作業には、相当の手間暇がかかることは覚悟しておかなければならない。

原発の運転期間は最長で40年とする「40年廃炉」を原則に、できるだけそれを短くする。最も老朽化した原発から廃炉とし、原則として新規に建設しない。

これだと、遅くても2050年ごろに原発はゼロとなる。あとはどれくらい前倒しでそれを実現できるかである。

■"電力ムラ"を解体する

脱原発に向けてなすべきメニューは、すべて出そろっている。

省エネやピークカットを進める。再生可能エネルギーの普及を広める。化石燃料のクリーン化を進める。蓄電の技術を高める。化石燃料の調達元を分散させる……。

こうした省エネと新エネの進展に合わせて原発を減らしていくのが最も現実的だろう。

その上で問うべきは、ではなぜこれまで省エネや新エネが進まなかったかである。

それは、従来の電力供給システムが、原発を増やす方向に進むよう制度設計されていたからだ。逆に言えば、省エネや新エネには進まない制度になっていた。

このシステムにメスを入れないまま、さまざまな政策を進めたとしても、結局はもとの原子力中心のエネルギー体制に戻ってしまうだろう。

原発ゼロでも、それに代わる電力の安定供給は、将来的に十分にできる。

２０１２年7月に、再生可能エネルギー特別措置法に基づく固定価格買取制度が施行された。これは再生可能エネルギーによる電力を、電力会社が発電事業者から一定価格で買い取ることを義務付ける仕組みだ。原発に代替する再生可能エネルギーを進展させるベースは、この制度で整えられた。

その上で脱原発を現実のものとするために実施すべき政策は、電力供給システムの転換である。

まず、今ある電力会社の地域分割、地域独占の構造を変える。電力市場に多様な企業が参入し、そこに実質的な競争が働くようにすることで、消費者が電力の供給者を選択できるようにする。

電力市場を自由化することによって、電力料金の総括原価方式を廃止する。総括原価方式は事業費に一定の報酬率を上乗せする電力料金の決め方で、設備投資をすればするほど事業者の収入が増えるという仕組みだ。電力会社は、この方式によって、原発に資金を投入すればするほど利益を得る仕組みになっている。

原発をめぐる不正と非合理性の温床は、原子力の利害関係者で構成された「原子力ムラ」にあると言われてきた。原子力ムラが閉鎖的で多くの問題があるのは事実だ。

しかし、脱原発のためになすべきは、原子力ムラの解体ではない。本質的には電力供給システムそのものの改革であり、その意味では〝電力ムラ〟の解体である。

■発送電分離と送電網の充実

電力ムラの解体に不可欠なのは、発送電分離と送電網の充実だ。これまでは地域の電力会社1企業が、発電事業とともに送電事業を独占所有してきた。これが再生可能エネルギーなどの新電力の参入を阻んできた。

固定価格買取制度だけでは、将来新しい電力会社が供給主体になって、電力の自由競争が行われる構造にはならない。たとえば、風力発電所を北海道につくっても、送電線が使えなければ電力を供給することができない。

発送電を分離すれば、電力会社とフェアに送電網が使えることが保証され、新規事業者の参入にはずみがつく。参入が増えればコストは下がり、技術開発も進む。部分的には補助金が必要かもしれないが、そこで市場原理が働くことは大きい。

発送電一体の理屈はあくまで電力の安定供給だったが、発送電を分離しても、今の技術なら安定供給は可能だし、現に欧米は実施している。

最終的な供給義務をどこに負わせるのかなどという詳細な制度設計は考えなければいけないが、需要が予想されれば、発電会社は競って投資するだろう。

2012年7月、電気事業連合会（電事連）は「発送電分離に協力する」との談話を発表した。これで揺り戻しのリスクは相当小さくなった。

事故が起こったときのコスト負担を考えれば、原発の運営は現在のように民間企業に任せることはできない。とはいえ、民間企業が原発で利益を上げ、リスクだけ国が負担するのもおかしい。

となれば、原発は事実上、国が運営する以外はない。現行の法律では国が原発を持つことは想定されていないが、国がリスクを負担する代わりに、稼働や廃炉の時期をコントロールできる決定権を持つようにする。

発送電分離の観点も含めて、いずれ東京電力は会社を分割せざるをえないだろう。

そのとき気をつけなければならないのは、廃炉や除染、賠償費など原発事故によるコストを東電が免除されるかたちにしないことだ。かといって、事故によるコストを電気料金だけで回収はできない。そうした構造の中で一歩ずつ解決に向けて進んでいくしかない。

会社分割、発送電分離、廃炉問題などをすべてセットで考えていく必要がある。そのために、発送電分離の詳細な制度設計を進めている。

■立地地域の振興策

原発の立地自治体には、「危険だからすぐにでも止めてほしい」という声がある一方で、「産業振興のために動かしてほしい」という訴えもある。

立地地域が原発稼働を望むのは、雇用や自治体財政を含めて、地域経済全体が原発の存在を前提に成り立ち、依存せざるを得ない構造にあるからだ。その意味では、原発をやめたときの負担が最も大きいのは、原発の立地地域である。

国は、石炭から石油に転換するときに炭鉱の町を支援した以上の支援をする必要がある。

ただ、廃鉱よりも有利なのは、原発立地地域がほとんど海沿いにあることだ。また、送電線をはじめとする電力関連のインフラ集積があるため、原子力以外の発電所を建てることが比較的容易にできる。

廃炉などを含め原発廃止にある程度時間がかかることを考えれば、地域の振興と経済活力を支えながら、脱原発依存を進めていくことは十分にできる。

■放射性廃棄物という負の分配

しかし、より深刻なのは核燃料サイクルの問題だ。

これは、原発の使用済み核燃料を再処理して、燃料として再利用する仕組みである。福井県の高速増殖炉「もんじゅ」は事故やトラブルが相次ぎ、青森県六ケ所村の再処理工場は本格操業が遅れている。高レベル放射性廃棄物の最終処分場は決まっていない。

特に最後まで残る問題は、使用済み核燃料だ。各原発の燃料プールには使用済み核燃料が中間貯蔵されている。その合計は約1万4200トン。

また、再処理工場に保管中の使用済み核燃料約2900トンも、再処理事業の行方いかんでは搬出することになっている。搬出元の発電所に返送した場合、大半の原発で収容力を超える。

脱原発依存の実施で核燃料サイクルを見直すことになれば、立地地域からは「使用済み核燃料の早期搬出」の要求が上がるだろう。

自治体は原発を地域経済へのプラス効果を理由に受け入れてきた。プラス効果をなくしたうえ、約束を反故にしてゴミだけを押しつけることはできない。

しかし、受け入れ先が簡単に決まるとも思えない。となれば、最後は電力消費地がこれまでの原発依存度に応じて受け入れざるを得ない。原発によって恩恵を受けてきた側が、今度は原発廃止に伴うリスクとコストを受け入れるということだ。

これまで原発の恩恵を受けてきたのは、いうまでもなく東京を筆頭とする都市部である。本来ならば、東京を含む都市部に中間貯蔵施設を建設し、使用済み核燃料の受け入れを求めることになる。

だが、それを都市部の住民がすんなりと呑み込むことができるとも思えない。できない場合、原発立地地域と電力消費地の間の対立が顕在化する恐れがある。

青森をはじめとする立地自治体に誠実な説明と配慮を示しつつ、最終処分も含めた対応策を早期に検討していくしかない。

廃炉にした原発も、使用済み核燃料と同じ問題を抱えることになる。用済みの原発それ自体をどうするか。その問題が一気に表面化する。

たとえ即時全面廃炉を決めたとしても、処理には時間がかかることになる。その間、相当長期にわたって原子力技術者も確保しなければならない。はたしてこれが可能かも問題だ。

原発をやめるという選択は、そうしたシビアな問題に直面するということだ。これは近代化のプロセスで「富の再分配」をしてきた社会が、脱近代化の時代においては、「負の再分配」をせざるを得ないという事態の象徴的テーマである。

3 エネルギーを選ぶ社会

■省エネでも快適な生活を

日本の経済成長期は、大量生産に合わせてエネルギー消費量が増えていくことが当たり前だった。

1973年と79年のオイルショックで、初めて「省エネ」が謳われた。しかし、それ以後も日本の電力使用量は、これまで通り増える見通しでエネルギー計画が立てられた。その見通しは3・11まで変わることはなかった。

これからは省エネの時代だ。とはいえ、電力が逼迫した折に一時的な節電を求めることはあっても、手に入れた便利で快適な生活を手放せと言うつもりはない。少なくとも家庭レベルでは、今の生活水準を維持しながら、大幅に使用電力量を下げることができる。人口減少だけでも消費総量は減っていくはずだが、同時に電力を消費せずにこれまで通りの快適な生活は続けられる。

たとえば、断熱材で建物を囲むと冷暖房の効率がぐんと上がる。いわば魔法瓶のような部屋にすれば、いったん冷やしたり暖めたりすれば、電力を消費しないで済む。これまで断熱材は十分な供給をされていなかった。あるいはコストが高すぎた。

建造物に断熱材を入れることを法的に促せば、断熱材のコストが下がって普通の家庭でも導入できるようになる。さらに、塗料だけで断熱効果を持つ技術も開発されている。これなら既存住宅でも低コストで導入できる。

コストが下がれば、電力消費量が減少する分、電力料金の負担が減少する。このことで、省エネを進めながらそのコストを回収できるようになる。こういう循環がさまざまな分野でこれから必要になる。

■期待できる技術革新

再生可能エネルギーは、太陽光、風力、地熱など今ある技術の積み重ねを超える技術革新が期待される。

オイルショック時の日本の技術革新がまさにそうだった。原料やエネルギー資源を持たない日本の企業は、省資源、省エネの技術開発に心血を注いだ。家電業界も少ない電力で高い性能を発揮する新製品の開発に取り組んだ。

それぞれ具体的なプランがあったわけではない。自社の命運を賭けてやらざるを得なかった。それゆえ目標に向けて技術者が知恵を絞り、従来の延長線上にはない技術革新をなしえた。

現在の日本経済は、まさにそのやらざるを得ない状況に追い込まれている。その状況を明確にすることで、初めて新たな技術革新が促される。

最も期待できるのは、省エネの技術だ。日本の省エネ技術は世界でトップと評価されているが、さらにエネルギー効率がいい設備、機器、システムを模索する。たとえばインバータ式など電子機器の消費電力を抑制する役目を担ってきたのはパワー半導体だが、この半導体の素材をシリコンからケイ素に転換することで、パワー半導体自体の消費電力が激減する可能性がある。実際の開発には困難が予想されるが、そうした技術革新がさまざまな分野で加速することに期待できる。

また、今はロスされているエネルギーが多すぎる。火力発電所のエネルギー効率は約40％で、エネルギーの約6割が排熱で捨てられている。

火力であれ原子力であれ、発電所のタービンを回した後に捨てられる排熱を暖房に回せば、どれだけ暖房のためのエネルギーが節約できるだろう。蓄電技術を高めれば、ピークカットも比較的に簡単にクリアできる。

風力発電や太陽光発電の日本の技術は、これまで需要が抑えられた中でも世界でトップクラスを誇ってきた。現在は太陽光発電のパネル生産で米国どころか中国にも追い抜かれ、風力発電も先進各国の後塵を拝している。

しかし、需要さえ増えれば、そもそもの技術力を持つ日本が対抗しうる余地も広がるだろう。

■脱原発が経済成長にマイナスになる

「脱原発は経済成長にマイナスになる」という指摘がある。

しかし、それは近代化プロセスの延長線上にある成長神話の夢からいまだ覚めていない発想である。むしろ、段取りを間違えなければ原発をやめていくことによって日本の経済は活気づく。

それでなくとも、太陽光発電、風力発電、燃料電池、蓄電池、次世代自動車など新エネルギー産業は、市場規模の伸び率が大きな産業だ。２０２０年には約86兆円の市場規模に達すると見込まれている。

自動車産業の市場規模が２０１０年から２０２０年にかけて１・２倍の拡大が見込まれているのに比べて、新エネルギー産業は２・８倍である。

さらに、原子力による電力供給がいずれなくなるとすると、否応なく社会に省エネやピークカット、新エネルギーの必要性が高まる。各家庭に省エネ住宅や太陽光発電、スマートメーターなどの需要が生まれる。

つまり「地デジ化」を大々的にやると考えればいい。テレビ放送における地上アナログ波放送を停止し、すべてデジタル放送に転換する地デジ化は、各家庭に地デジ対応テレビやチューナーを買わざるをえなくし、消費を大きく牽引した。地デジ化に比べて負担は大きいかもしれないが、脱原発依存の問題意識を共有すれば、社会的合意は取りつけやすいだろう。

間違いなく消費や投資が増える。需要があれば、新エネや省エネの技術開発はさらに進む。そのうえ、エネルギー産業は将来的には必ず輸出産業になる。

脱原発依存の加速は、日本経済にとってプラスになることに私は確信を強めている。

■集中と分散の二頭立て

日本のエネルギー政策の未来像は、集中と分散の二頭立てとなる。

「集中」は、全国規模で電気を融通し合うことによって、効率のいいエネルギー供給体制を築く。

全国規模でどれくらいの予備電力が必要かを計算すれば、地域ごとに過剰な設備を持つ必要はなくなる。そのため、全国の電力網をできるだけ広域的に運用し、大規模に電気を巡らせる。

一方、「分散」は、地域密着型のエネルギーの小売り事業体によって電力を供給する。これまでのような電力会社1社の地域独占ではなく、従来の電力会社に加えて、一定規模の複数の事業体がエネルギー供給のセイフティネットとなる。そして、全体の3割ほどは、より小さな発電事業体で構成するよう小型分散化を進める。

通信事業を例にとれば、かつて電電公社を民営化して通信を自由化したことで、多様なサービスが供給されて、料金も下がった。さらに、インフラとサービスの役割分担をすることによって業界が活性化した。

これと似たように、既存の電力会社以外にも大小の発電主体が地域のエネルギー市場に参入していくことによって、サービスを向上させる。

このとき、小売りの対象は「電力」だけではなく「エネルギー」である。電力、ガス、熱などを専業とせず、相互乗り入れをする。

電力やガスだけを供給する事業者がいてもいいが、各家庭はそれらを組み合わせたパッケージで提供する小売り事業体を選んで契約するスタイルになる。あるいは、エネルギーの組み合わせと割合を消費者が決めるかたちも考えられる。

■エネルギーとともに社会を選ぶ

これからは、このように消費者が「エネルギーを選ぶ社会」になる。

これまでのように電力、ガス、水道が地域の独占事業体によって提供されるのではなく、通信の世界で私たちが携帯電話会社や固定回線業者やインターネット接続業者を選んでいるように、エネルギーを選ぶのである。

都市開発や街づくり、マンション開発でも、それが売りになるのではないか。エネルギーを選ぶ最先端の仕組みを導入していることが、宣伝文句になるかもしれない。

実際に、エネルギーに関する付加価値を持ったマンションが人気を集めた例がある。東京の六本木ヒルズは、3・11の震災後、入居希望が殺到したと聞いている。自家発電設備によって大災害でも停電しないことが証明されたため、電気が一瞬でも落ちると困るデイトレーダーのような個人投資家が押し寄せたという。

エネルギーは社会の根底を支える。エネルギーの変遷に伴って、社会のあり方も大きく変わってきた。

世界の動向を見ると、産業革命期の石炭から石油、天然ガス、原子力を経て、21世紀は再生可能な自然エネルギーにシフトしつつある。

どんなエネルギーを選ぶかは、私たちがどのような社会を選ぶのかという問題にそのままつながる。

視点

「地球温暖化対策」

目標のリアリティ

再生可能エネルギーと省エネは、地球温暖化対策との兼ね合いを考えたときにも、最大限努力しなければならないテーマだ。

脱原発依存は最優先の課題だが、一方で温暖化対策のための二酸化炭素（CO_2）の削減も、着実に実行しなければならない。

現在、日本は2020年までに1990年比でCO_2排出量を25％削減する目標を打ち出している。もっとも、これは削減計画にアメリカと中国等が参加することが条件で、短期的に両国が参加する可能性はないため国際公約にはなっていない。

しかし、国際公約になっていないからといって、努力を怠ってよい問題ではない。3・11以前の政府のエネルギー基本計画は、2020年までに9基の原発の新たな増設、さらに2030年までに少なくとも14基以上の原発増設を目指すという内容だった。原発建設には立地自治体の同意が必要であることを考えれば、これ自体もともと無理のある目標だった。

しかし、リアリティがあるかどうかよりも、政治的意思として打ち出すことに意味があった。この目標に比べれば、原発依存からの脱却を図ると同時にCO_2排出量を大幅に削減するという目標には、まだリアリティがある。

コストはかかっても、CO_2を排出しない再生可能エネルギーを推進し、なるべく火力発電に頼らないエネルギー体制を築く。明確な目的意識を持って技術革新を進め、新エネと省エネを強力に推し進めていかなければならない。

オフセット・クレジット

それでもCO_2の排出枠を超える分については、どうするか。

CO_2の排出量を減らすためには、国内だけでなく、世界を視野に考える。すなわち海外において日本の技術などによって削減したCO_2量は、日本国内分としてカウントするようオフセット・クレジット（J-VER）のシステムを構築する。

この制度は、途上国にCO_2削減技術や製品、システム、サービス、インフラなどを提供し、それによって実現したCO_2の排出削減や吸収への日本の貢献を定量的に評価して、日本の削減目標の達成に活用するというものだ。

日本製の最新式火力発電所のCO_2排出量は、従来型より3割少ない。その削減分をたとえば折半して、自国の排出量に繰り入れることも考えられる。

日本国内でこれ以上〝乾いた雑巾〟を絞るよりも、火力発電所を多く持つ国に日本の高性能の火力発電技術を供与したほうがはるかに効率的だろう。

こうした方法ならば、日本は削減目標に近づくと同時に、温暖化防止のための日本の技術を世界で生かすことができる。現在、複数の国と交渉を進めている。

第3章

安心社会による活力

——国内経済

景気をよくしようと思ったら、
安心できる老後と安心できる子育てを提供することだ（118ページ）

保険料であれ税金であれ、
国民負担を増やすかたちで手当てするしかない（123ページ）

社会保障のコア部分をエコノミークラスだとすれば、お金に
余裕がある人が受けるのはビジネスクラスのサービスだ（128ページ）

20年後の勝ち組は中小企業だ（135ページ）

年金制度は現役世代が親の生活を心配せず、
自由に活動するための保険制度だ（145ページ）

1 安心というサービス

時代は大量生産・大量消費時代が終わり、富の再分配から負の再分配へ、そして幸せのかたちは、ものの豊かさから自己実現へと変わっている。

とはいえ、経済が活力を持って回っていき、現在の豊かさを維持する必要がある。では、脱近代化の時代、日本の経済をこれから中長期的に成り立たせていくためにはどうすればいいか。

前章では、脱原発を軸とするエネルギー政策を論じた。本章では、医療・介護・子育てといった社会保障の充実によって将来への安心をつくり、それをコアに国内経済を活性化していく社会構想を示す。

■サービス産業による循環

これまで説明してきたように、大量生産で国際的な低コスト競争をすることは、海外の安価な労働力に合わせて日本の人件費を切り下げていくことにほかならない。それは国民の生活水準を下げることであり、持続性のあるモデルとは言えない。

国内でこれまでの生活水準を維持しながら国際社会を生きていくには、まずは国内でお金を巡らせる必要がある。いわゆる内需の喚起である。

脱近代化の時代に人々が最も求めるものはサービスだ。医療や介護、子育ての分野である。これからは、サービス産業が国内経済を循環させる中心となる。

多くの商品は海外から入ってくる。今や新興国がどんどん製品の生産を増やしている。インフレになるのは不足気味の資源と食糧だけで、それ以外のほとんどは供給過剰となる。ものの値段は否応なく下がっていく。当然の結果としてデフレになる。

その中で日本国内で提供するサービス分野だけは、海外にマーケットを奪われない。国内におけるサービスは国富こそ増やさないが、そこでお金が回れば社会を安定的に維持できる。

日本国内でサービスを提供する際に求められるのは、まず安定性である。サービスの世界における最大の付加価値は、ユーザーとの間の信頼関係だからだ。信頼関係は基本的に時間の経過の中で積み上げられていく。となれば、安定したサービスを継続的に提供することが、サービス分野では最大の目標となる。

安定性を維持するために、最も重要な要素は雇用の安定である。サービスにお金を支払う人がいなければ、そのサービスは成り立たない。サービスにお金を支払うには、安定した雇用で、安定した収入がなければならない。

逆から言えば、サービスにきちんとお金を払ってもらえれば、それが安定雇用と安定収入につながる。するとサービスの質が向上してさらなる需要の掘り起こしにつながる。同時にきちんと給料をもらっている人は、ほかのサービスにお金を投じることができる。そんな循環で内需を呼び起こすのだ。

■必要な分厚い中間層

雇用の安定と言った場合に重要なのは、雇用の質である。雇用の質とは、一定水準以上の賃金が持続的にもらえることを意味する。

大量生産型社会が進めば、雇用が不安定になるのは必然だった。右肩上がりで伸びているときは需要が安定しているが、伸びきったところでは生産が新興国に追いつかれて需要が増減する。それに連動して雇用も不安定にならざるを得ない。

自動車生産はその典型だが、生産台数は売れ行きに合わせて大きく上下動する。このため忙しいときは期間工を雇って雇用を調整しなければ、事業自体が成り立たない。これは大量生産、大量消費型産業の宿命である。

しかし、サービス産業の多くは違う。たとえば、医療や福祉、教育、子育てなどの分野において、病人や要介護者、子どもをはじめとしてそのサービスを必要とする人々は常に一定数いる。社会状況によってなだらかな変化はあるにしても、需要は大きく上下しない。

これからはこうしたサービス産業に安定した雇用の場をつくるべきであり、逆に日本において安定した雇用の分野はそこにしかないとも言える。

社会のサービス化、産業のサービス化のために不可欠の条件となるのが、分厚い中間層である。分厚い中間層向けのサービスがビジネスとして成り立って初めて、お金が循環するからだ。

極端な金持ちと貧しい人とに二極分化した社会では、サービスがほしくても貧しくて買えない層が厚くなり、需要が減って産業自体が縮小する。すると、国内のサービス業で、一定の雇用とお金を回していくことができなくなる。

ところが、今の日本社会は二極分化の方向に進んでいる。中間層が崩壊し、二極化の兆しが見えたのは1990年代後半だ。

このときに政策誘導でサービス産業化を進め、安定的なサービスを国内で提供するべきだった。同時に、それに対してお金を払える人を確保するための安定雇用対策を打つべきだった。

現在は経済的な格差が拡大しているというよりも、低所得者層が増加して、むしろ全般的な貧困化が進んでいる。早急に経済構造の抜本的な転換が必要だ。

■貯蓄する現役世代

では、今後の日本経済の土台づくりには何が必要だろうか。

ひとつは将来の安心だ。将来の不安が大きければ大きいほど、現在お金を持っていても、将来に備えてできるだけお金を貯めておこうという意識が働く。日本ではこの現象が長らく続いている。

この20年ほど、デフレで不景気が続いてきた原因のひとつはそのためだ。

自分の収入のうちどれぐらい貯蓄に回しているのかを示す日本人の貯蓄率は、実はここ20年、大幅に下がっている。貯蓄率が下がっているなら、国民はお金を使っているのかといえば、そうではない。

なぜなら高齢化が進んでいるからだ。定年退職して60歳あるいは65歳を超えた高齢者は貯蓄を取り崩す世代となる。高齢者の比率が高くなれば、必然的に日本全体としての貯蓄の比率は低くなる。

そうした人口構成の変動分を修正して計算すると、現役世代の貯蓄率は上昇している。

この間、現役世代の平均所得は下がっている。所得は減っているのに、貯蓄率は上がっている。ということは、生活は苦しくなっているのに、ほかは削ってでも貯蓄にお金を回さなければという意識が強く働いているということだ。

現役世代が過剰に貯蓄する状況では、ものやサービスは売れない。景気を良くするには、現役世代の貯蓄率をある程度下げて、消費してもらう必要がある。そのためには、彼らの将来に対する不安を取り除かなければならない。

問題は、なぜ不安な状態が続いているか、そしてそれを取り除くにはどうすればいいかということだ。

■安心で快適な老後と子育て

今、ものやサービスが売れないから、ものの値段が下がってデフレになっている。なぜものやサービスが売れないのかといえば、みんなの欲しいものが売っていないからだ。売っているものはもう余ってしまっている。つまり供給過剰の状態である。

デフレ対策として「1万円札をどんどん刷って通貨量を増やし、インフレを誘導しろ」と主張する説がある。

しかし、今の日本はお金が足りないためにデフレになっているのではない。お金は十分ある。すでに紙幣はたくさん刷っており、銀行預金などのかたちで貯まっている。

ところが、そのお金をどこかに使いたくても、欲しいものが売っていない。投資家の立場で言えば、投資したくても有望な投資先が見当たらないのだ。投資をすれば儲かりそうな投資先がないから、利回りは低くても安全な国債が売れる。お金は市中に出回らず、デフレ不況となる。

基本に立ち返ってみよう。ものが売れないからデフレになる。ものが売れないのは、見方を換えれば、欲しいものを売っていないからだ。ものやサービスが売れるようにするためには、みんなが欲しいと思っているのに売っていないものを売り出すしかない。

国内でお金を巡らせ、国内の経済を活性化していくためには、値段が高くても買うくらいみんなが欲しがっているものを供給するのが最も効果的ということだ。では今、みんなが欲しいものは何だろう。何を売っていれば、少々お金を出しても買うのだろうか。そこにすべての答えがある。

少子高齢社会の日本で、高齢者をはじめとしてみんなが欲しいと思っているのに売っていないものは、「老後の安心」と「子育ての安心」である。つまり、安心で快適な医療、安心で快適な介護、安心で快適な子育ての環境だ。

景気を中長期的によくしようと思ったら、この欲しいけれど売っていない、安心できる老後と安心できる子育てを提供することだ。

それらが提供されれば、将来への不安は取り除かれ、現役世代は生活を切りつめて貯蓄にお金を回さずに、ものやサービスを買うことになる――そうした好循環がかたちづくられるはずだ。

2 中核となる社会保障

■医療と介護の保障

老後の安心を保障するのは、何といっても医療と介護のサービスである。ほとんどの国民にとっての安心は、まず、医療保険と介護保険で基本的な医療と介護のサービスを受けられることだろう。現在、その安心の核となる社会保障制度は、保険料と税金によって賄われている。

少子高齢社会で、高齢者の比率が増えていけば増えていくほど、医療保険や介護保険にお金がかかるのは自然の成り行きだ。

国民全体としてお金は使っても、本質的には誰でも平等に質の高い医療と介護、そして子育て支援を受けられる社会を実現すべきだ。

万一寝たきりになったときは、特別養護老人ホームに入るのに何カ月も何年も待たされないようにする。高齢者が高齢者を介護して共倒れにならないようにする。あるいは、子どもを放課後、安心して学童保育所で預かってもらえるようにする。

いや、それはお金持ちが自分のお金でやればいい、社会でお金をかけて面倒を見る必要はない、という考え方もあるだろう。

しかし、私の目指す社会は違う。医療や介護や子育てについては、社会全体でお金をかけても、国民が最低限の安心を得られるように質を高める。そうすることによって、人々の安心感が高まり、社会に仕事が生まれ、雇用が生まれ、経済が安定するからだ。

■制度と実態との乖離

「大きな政府」「小さな政府」という議論がある。私自身は行政刷新大臣を務め、事業仕分けの陣頭指揮を執った経験もあり、ある意味では筋金入りの「小さな政府」派を自任している。

ただ、この議論で気をつけなければいけないのは、役所の規模と、行政が提供する公共サービスの質と量は分けて考えなければいけないということだ。

役所を小さく効率的にすることは必要だ。行政の無駄は省く。あるいは時代に合わない公共事業は思い切って削減する。税金の使い方は厳しくチェックしなければならない。

しかし、少子高齢社会において国民が求めているのは、安心できる医療と介護、子育てだ。そのためには、保険料や税金をしっかり納めてもらい、より厚みのあるサービスを提供することが必要だ。そこは「大きな政府」にしなければいけない。

あえて言えば、私たちが目指すべきは「小さな役所と大きな政府」ということになる。

現在の社会保障制度は、人口増加を前提としていた時代にはそれなりにうまく機能していた。しかし、人口が減少傾向に転じたときに、制度と実態が合わなくなった。本来なら、早急に人口減少に対応すべきだったが、制度を変えるタイミングを逸した。

これからの社会保障の負担と給付の関係は、現在のように「少ない負担で大きなサービス」というわけにはいかない。負担と給付についてのバランスを取り戻し、「高負担」でも、少なくとも「中福祉」を確保していかなければならない。

今の年金制度をはじめとする社会保障制度の最大の問題は、不足分を税金で補った形にして、そのツケを次世代に借金として回している構造にある。

社会保障は、ある側面では世代間で公平を保つためにあるにもかかわらず、その負担をさらに次世代に押しつけるのは、構造的に不健全である。本来はそのときそのときでやりくりして運営していくべきなのに、財源が歪んでいるために世代間で不公平を生じているのである。

かといって、予算を削って社会保障の水準を下げることは考えられない。たとえば、医療や介護、年金の水準を下げる政策を実施したときに世の中はどうなるだろうか。予算削減に加え、高齢者の急増によって、二重の効果で介護や医療の質が落ちる。

社会保障の低下は不安を助長し、ますます貯蓄性向が高まるだろう。所得は減るのに貯蓄が増えれば、内需が減ることになる。

社会保障を充実させることで貯蓄性向を下げ、内需を喚起しなければいけないのに、まったく時代に逆行することになる。

■社会保障と税の一体改革

日本の少子高齢社会傾向は、中期的には変わらない。医療保険も介護保険も年金も、借金で賄っていくわけにはいかない。老後や子育ての安心を民間だけに任せることもできない。それに要するお金は誰かが負担しなければならない。となると、保険料であれ税金であれ、国民負担を増やすかたちで手当てするしかない。その代わり、社会保障の分野にはしっかりとお金を注ぎ込み、一定の質と安心を確保する。

国民の負担を考えた場合、消費税はある面でフェアである。

所得税だと、若いときにお金を稼いだ人が、高齢となって、その貯金でいくら消費しても、その時点での所得はないため税金を払わずに済む。一方で社会保障給付は支払われる。しかし、消費税なら、お金持ちの高齢者も消費しただけ支払わなければならない。

消費増税は、低所得層ほど税の負担が重くのしかかる「逆進性が高まる」との指摘がある。

しかし、消費税で支払う額は、その人の生活水準に比例する。過去に稼いだお金なのか、現在稼いだお金なのかに関係なく、「今どれぐらいの生活水準で暮らしているか」によって税を負担する。この仕組みは、現役世代からすればフェアだと思う。たいへん豊かな生活をしている人が、「現在は」所得がないからといって、一切納税しないというのは、はたして公平だろうか。

これが政府の進める「社会保障と税の一体改革」の基本思想だ。増税で国民に負担を強いるのは、短期的には景気にマイナスの側面があるという指摘もある。しかし、中期的に日本の経済を安定的に維持していくためには不可欠のことである。

■雇用の質を高める

医療や介護を受ける中心は高齢者だ。貯蓄はあっても、収入は減っている。子育て中の家庭は、比較的所得の低い世代となる。医療、介護、子育てにかかる費用をそれぞれ自費ですべて賄うのは厳しい。

だから、相対的に支払い能力のある期間は一定の保険料や税金を負担してもらう。その代わり、それぞれのサービスが必要なときには確実に受け取れる。人生全体でそのシステムが機能すれば、バランスが取れることになる。

さらに、質の高いサービスを受けるには、医療や介護、子育て分野におけるサービス産業が必要になる。しかし、その大前提として、公的な社会保障が安定していなければならない。

安定を保障するのは、まず雇用である。医療なら医師や看護師、介護なら介護士、子育てなら保育士、それぞれが安定的な職業として成り立つ構造を成立させることだ。

介護保険料で安定しているはずの介護士が低賃金のために生活できず、次々に辞めていくという構造では、その周辺に民間のサービス業はとても育たない。

社会保障の周辺で、創意工夫を凝らしてサービスを提供している民間組織はたくさんある。そこをさらに充実、拡大させて内需喚起につなげるためには、公的な分野で働く人たちの雇用の質と、提供されるサービスの質を高めることが不可欠だ。

そのためには、「社会保障と税の一体改革」によって財源をしっかり確保する。安心できるサービスの提供と、そこに要する財源の手当てをパッケージで確保する。そうして初めて外側の民間サービスが育つことになる。

3 民間サービスの充実

■より快適な周辺サービス

基本的な医療や介護、子育てのサービスについては、所得にかかわらず、社会保障制度や公的扶助のもとで受けられるようにする。そうしたコア部分のサービスをしっかり受けたうえで、それ以上のサービスを求める場合はどうすればいいだろうか。

ある程度の貯蓄があり、十分な年金を手にしている高齢者ならば、良質の医療や介護サービスを受けるために、可能な限りの資金を投じてもいいと思っているだろう。

では、それだけ安心で快適な医療や介護のサービスが供給されているだろうか。そもそも介護に至っては、介護保険で設定されている最低限の介護サービスすら足りていない。

一方、少子化が問題とされながら、安心して子どもを産み育てるためのサービスも供給されていない。

保育所の待機児童数は登録ベースで2・6万人（2011年4月現在）、その周辺に入所要件を満たさない「潜在待機児童」が85万人～100万人いるとの報告がある。

放課後の学童保育は利用者数が約83万人に達し、潜在的に利用したい者も含めると、小学1～3年に限っても約145万人存在するとの試算もある。

男女共同参画社会と言われながら、仕事と子育てが難しいという理由で第1子出産後の約6割の女性が離職を余儀なくされている状況は、ここ20年間以上、ほとんど変化していない。

社会保障というコアの外側に、民間レベルでより快適なサービスを用意する。安心できる老後や子育てのニーズに見合ったサービスを提供して消費を喚起する。ユーザーから見れば、これは生活の質の向上であり、供給側からすればひとつのビジネスチャンスである。

公的にしっかり面倒を見る社会保障のコア部分をエコノミークラスだとすれば、お金に余裕がある人が受けるのはビジネスクラスのサービスだ。政府ができることは、その分野の規制を大きく下げて、サービスの質と量が上がるよう後押しすることだ。

■生活の質を高める

これまで潜在的なニーズがあるにもかかわらず、それがうまく産業化していかなかったのは、社会保障が「サービス」ではなく、「負担」であるという意識が日本社会に強かったからではないだろうか。

もともと福祉政策は「社会的弱者は気の毒だから助けよう」という弱者救済の枠組みから始まり、その延長線上に社会保障が成立した。その領域がサービス産業として成立するという発想がなかったのだと思う。

医療保険にしても年金にしても、本来はあくまで「保険」のはずだ。しかし、それを政治や行政だけではなく、庶民感覚としても社会的な負担としか見なしてこなかった。

普段の生活では、みんな可能な範囲で、より快適な生活を求めて衣食住にお金を使っている。おいしい食事や性能のいいエアコンを求めて消費している。入院すれば、医療を受けると同時にそこで生活をすることになる。経済的に余裕のある高齢者が、病院で自宅同様の快適な生活を望んだり、在宅で病院同様の医療サービスを望んだり、より高度な補助道具やリハビリサービスを望んだりするのは自然なことだ。そのために、若いときに頑張って貯めたお金を使いたいと思うのも当たり前のことである。

そこにお金をかけることは、生活の質を高めるための権利であり、同時に社会全体を活性化するための有効な投資でもある。

■民間事業の底上げ

そのための民間サービスは、まだ緒に就いたばかりだ。医療と介護の周辺に新しいケアサービスをつくり出すことで、高齢化に対応した新たな市場はもっと開拓できる。

ここ20年の日本の産業別就業者数の推移を見ると、第1次産業と第2次産業はほぼ一貫して減少しているのに対して第3次産業は増加しており、そのなかでも「医療・福祉」の分野が突出して伸びている。

たとえば、コナミスポーツ&ライフは、医療保険の上限日数に達したためリハビリを中断せざるを得ない人々に対して、医療機関と連携を図りながら、フィットネスを組み合わせたリハビリサービスを展開している。

あるいは、人間ドック受診者のうち、生活習慣の改善が必要と医療機関が診断した人に対して、身体の状況に合った短期の運動プログラムを提供している。

子育てについてはどうだろう。

まずは公的な学童保育サービスを底上げすることが必要だ。しかしもう一方で、たとえば夫婦共稼ぎで高い収入を得ている家庭は、少々費用がかかっても便利で安全な保育所に子どもを預けたいと考えている。

不測の事態にも対応してくれる保育サービスがなければ、夫婦のうちどちらかが仕事を辞めざるをえないケースは多い。彼らにとって、質の高いサービスの供給は切実な問題だ。しかし、そういうサービスはまだ限られている。

たとえば、電鉄会社の東急グループが、民間の学童保育「キッズベースキャンプ」を展開している。東京と神奈川の東急沿線を中心に、2012年8月現在、17店舗を運営する。

公的な学童保育の料金は安い。だが職員の賃金は低く、狭い場所で多くの児童を預かってやりくりに苦労している。それでも受入可能人数が大きく不足している。それに比べて、キッズベースキャンプの学童保育はそれなりに高い。しかし、たとえば子どもの急な発熱や親の残業にも対応できる。

キッズベースキャンプ自体は、ほとんど利益は上がっていないという。しかし、この学童保育が沿線にあることによって東急の沿線自体の価値が高まるという効果が得られている。

この事例は、事業そのものからは大きな利益を得られなくても、そのサービスの存在で沿線や地域、街全体の価値が上がるという、価値創造の新しいビジネスモデルと言えるだろう。

現在、経産省は、安心できる老後と子育てのための産業を集中的に育てようとしている。そのために、医療や介護や子育て分野の民間サービスを底上げするための事業を始めた。

こうしたサービスは、どの程度の質のものが提供されているか、見かけでは判断しにくい。そこで政府がチェックして、約束通りのサービスが提供されているかどうかの〝お墨付き〟を与える。

それを見据えた法律のサポート態勢もとっている。これまでの政策は補助金や税の優遇措置、認証制度などで底上げを図ってきたが、一歩踏み込んだかたちの支援だ。

4 新産業の担い手

■多様性が新しい価値を生む

必要とされるサービスが提供されることで働き方が変わり、社会のあり方が変わる。それによって、さらに新しいサービスが必要になり、新しいビジネスが生まれる。こうした循環によって生み出される新たなサービス産業は、その担い手も変わっていかなければならない。

経産省の試算では、たとえばヘルスケア、子育て、アートやファッションなどクリエイティブ産業、エネルギー産業といった分野で今後10年間で、1000万人規模の働き手が必要になる。

職種についても、生産労務工程から専門技術職、事務職、サービス提供職へと、200万人規模の職種転換が求められ、そこには300万人の女性、150万人の高齢者、そして若者が新たに加わる必要がある。

新しい産業の担い手は、人手不足の解消という側面だけではなく、むしろ産業に新しい価値を生み出す起爆剤として不可欠だ。

日本型の雇用スタイルとして機能してきた「終身雇用・正社員・男性中心」というモデルは、規格化された製品やサービスの提供が求められる時代には適合していたかもしれない。しかし、社会がめまぐるしく変化し、顧客のニーズが細分化する社会では、もはやこの画一化、硬直化したモデルは時代遅れだ。

成熟した豊かさに対応するきめ細かなサービス産業を生み出す基盤となるのは、「多様性」である。

新しい価値は、異質なものが混じり合って〝化学変化〟を起こすことで生まれる。新しい知識や経験、価値観がぶつかり合うことが創造性を刺激する。

その担い手は、若者であり、女性であり、高齢者だ。

若者は時代の変化に最も敏感だ。女性は、まだまだビジネスの世界では「異質の存在」である。いったんリタイアした高齢者が異分野で蓄えたスキルを生かせば、新しいビジネスの発想につながる可能性がある。さまざまな調査から、多様性を高めることで企業の業績も高まることが示されている。

企業の価値創造力を高めていくために、多様な人材がそれぞれの能力をフルに発揮できるような組織経営が、これからは不可欠となる。

■勝ち組は中小企業

多様性を発揮できる企業として、これから新しい産業の担い手の中心になるのは、中小企業だ。20年後の勝ち組は中小企業だろう。

もちろん、大企業が新しい時代に即応して、20年後、30年後も日本のトップ企業として活躍している可能性は否定しない。

しかし、以前とはまったく異なる発想の企業経営が求められる今、過去の成功企業が今後も成功を収め続けるよりも、現在は無名の中小企業が台頭していく可能性のほうがはるかに高い。理由は2つある。

まず、国内において今後伸びていくのは、地域のきめ細かいニーズに応じる地域密着型のサービス産業だからだ。もちろん、コンビニを中心に全国でチェーン展開しているサービス業はあるが、今後期待される分野の多くは違ってくる。

前述したように、サービスの付加価値は、基本的にはユーザーとの人間関係であり信頼関係だ。サービス産業全体が、地域での人間関係を築く方向に進むだろう。

逆に言えば、地方の中小企業が新しいビジネスを立ち上げ、人手不足を解消するという好循環を起こしていかなければ、疲弊した地方都市に希望は生まれない。

2つめの理由は、後述する国際経済の視点も含めて、これから伸びる分野が日本の特性を生かした狭い世界であるということだ。それは大企業の本領ではない。小さな企業が熟練技術や独自のアイデアで小回りの利く展開をして伸びていく。

■大企業志向からの転換

ところが、中堅・中小企業は現在、人手不足で困っている。その一方で、長引く就職難と退職者の続出が社会問題になり、就職先のミスマッチが生じている。就職先がないわけではない。正規雇用の場は、少なくとも中小企業にはまだある。

しかし、若者の大企業志向は根強い。現実には経済状況が悪化して、逆にますます若者の大企業志向が強まっている。大企業に就職できなければフリーターになるという不幸な事態も生じている。

もちろん、倒産の確率で言えば、大企業より中小企業のほうが高い。そういう意味での不安定性はあるだろう。しかし、大企業にも倒産、リストラのリスクはある。

そう考えたとき、中小企業だからといって就職せず、非正規雇用でフリーターを続けることが、生活の安定上よりよい選択とは言えない。卒業時に就職先がなくて、フリーターを長く続けてきた人たちの再就職と職業訓練はより難しく、深刻な問題になっている。

規格大量生産を軸に成長してきた日本の大企業が、従来の大量雇用をこれから中長期にわたって続けていけるとは思えない。実際、大企業の採用枠は狭まっている。多くは段階的な人員削減を余儀なくされる。

加えて既存の大企業は、世界の最先端での競争にますます特化していかざるをえない。雇用対象は超ハイレベルの人材だ。

若者の就職希望が大企業志向でいる限りは、現在の就職難は続くことになる。

■意識改革が必要

日本の大学生の希望就職先ランキングを見ると、20年前とほとんど変わっていない。金融危機で銀行人気が落ちたり、原発事故で電力会社が落ちたりしたが、代わりにどこが参入しているかを見ると、突出した企業が見当たらない。

変わらないランキングの顔ぶれは、この間、日本経済が不調だったことを象徴している。20年後の顔ぶれがガラリと変わっているようでなければ、日本の未来は期待できないだろう。

明治以降に出て大きくなった企業、あるいは戦後の復興期に大きく成長した企業は、もともとは中堅・中小だったところが圧倒的に多い。

あるいは、アメリカの経済を今支えているのは、マイクロソフト、グーグル、アップルといった、この20年の間に急速に伸びてきた新興企業だ。

さらに第1章でも強調したように、それぞれの自己実現の場として適しているのは、小さなフィールドだ。社員1万人よりも30人の会社のほうが、1人の社員が会社に占める存在価値は大きく、個人の能力も発揮しやすい。

既存の大企業が数十年後もそのままであり続けるというのは、もはや幻想にすぎない。〟大企業幻想〟にとらわれないために、国や企業、大学、家庭に「新しい時代が到来している」という意識改革が迫られている。

■人手不足解消の決め手

新しい産業にとっては、若年層のほか女性や高齢者といった、これまで十分に活躍の場のなかった人たちが貴重な人材となる。

人口減少に伴って、これからは量的に労働力が足りなくなる。定年退職した60代の高齢者や出産・育児のためにいったん職場を外れた女性たちの潜在力を生かせば、人手不足対策の決め手になるだろう。

量的にも質的にも、高齢者と女性が経済の構造の中にしっかり入ることで、中期的な人手不足解決のコアとなり、社会の活力が増す。そのときのポイントは2つある。

まず、新興国の台頭によって、これからは第2次産業、たとえば製造部門に属している人たちの人数は否応なく減っていく。その代わり新たなサービス産業をはじめとして人手が不足する分野が出てくる。

もうひとつは、これら、これから伸びる産業分野は、女性たちが有利な分野であるということだ。ニーズがありながら供給されていない医療、介護、子育てといったサービス分野はとくにそうだろう。

■女性起業家を支援

経産省の経済産業政策の一つの柱が女性の社会参画だ。

米国の「フォーチュン500」（520企業）を対象にしたNPOの調査（2007年）によると、女性役員比率の多い企業のほうが総じて収益性が高いという傾向を示している。

日本でも女性の活躍に積極的に取り組むことで経営効果を上げている企業はあるが、管理職に占める女性の割合は、欧米に比べると2分の1から3分の1と非常に低い。逆に言えば、それだけ可能性を秘めているということだ。

女性の年齢別の労働力率を見ると、出産・育児を機にいったん離職して、育児が終わってから再び働き出すM字カーブを描いている。

再就職の機会を広げるためには、たとえば主婦のインターン制度が考えられる。

離職後、再度働きたい女性を企業のインターンとして採る。働くうちに以前の経験や知識が生かせるかどうかを判断して再就職に活用できる。

M字カーブの谷にいる子育て中の女性が、結婚前に持っていた能力を最大限発揮するためには、「9時～5時で残業あり」という通常の就業形態ではなかなか難しい。

そうした女性たちがネットワークを組んで、それぞれが時間を融通し合いながら創造性の高い仕事をシェアするビジネスがすでに生まれている。

なかでも女性ならではの発想とアイデアを生かしたスモールビジネスが急激に増えている。たとえ得られる収入は高くなくても、女性の自己実現の場となっているようだ。

2012年7月に、日本政策投資銀行が優れた女性起業家を選ぶ「第1回女性新ビジネスプランコンペティション」の受賞者らと対談する機会を持った。

たとえば、広島で専業主婦のパートから販促プランナーとして独立した牛来千鶴さん。

在宅ワークの経験から同じような悩みをシェアする仲間たちとの交流会を組織

し、2009年に起業家やクリエーターらの交流拠点「SO@Rビジネスポート」を立ち上げた。50以上の事業者が入居するレンタルオフィスであり、ここを拠点に地場企業との商品開発やビジネスマンの人材育成を手がけている。

数々のマーケティングやプロモーションを手がけてきた鹿島美織さんは「ぐるぐる応援団」で震災復興特別賞を受賞した。仮設住宅の人々の移動サポートや石巻市役所のコミュニティ食堂などを地元の仕事づくりに生かして、被災地を支援している。

ネットワーク型のスモールビジネスは女性が働きやすく、女性の発想を生かすことができる。彼女たちに事業立ち上げのきっかけを聞くと、「自分で欲しいサービスがなかったから自分でやりだした」との声が少なくなかった。

自分が欲しいものが何なのか、何が不便なのか、何が不安なのかを把握している女性が、まだまだたくさんいるはずだ。彼女たちの社会参画を促すだけでも、相当な需要の掘り起こしにもなっていくだろう。

経産省でも、女性をはじめとして多様な人材の活用を経営に生かしている企業を選定し、「ダイバーシティ経営企業100選」として表彰する制度を創設し、

2013年3月にも第1回の表彰を予定している。

それぞれの試みを「こういうビジネスはこれから伸びる」「こういうスタイルが大事」と顕彰して発信するだけでも関心を持っている女性への訴求力になる。ビジネスのモデルケースを見せることで、「こういうアイデアがビジネスになるのか」「自分にもできるかもしれない」という刺激につながる。

■高齢者の再雇用

もうひとつ、経産省の産業構造審議会新産業構造部会で打ち出しているのは、高齢者の退職後の再教育ビジネスだ。

部長や課長を務めた退職者に、別の会社でその経験を生かしてもらう。もともと働いてきた分野での知識や発想を違った分野に持ち込むことで、新たな価値が生まれることが期待できる。

たとえば東京大学では、定年退職した人たちが別業種でも働けるようになるために「ものづくりインストラクター養成スクール」を実施している。

同じ業種・職種でも、会社によって同じものの呼び方が異なる。まして業界が違うと、まったく違う。40年間当たり前に使ってきた言葉が、ローカルな会社語なのか、業界や企業が違っても通用する共通語なのかの区別さえつかないという。会社語を共通語に〝翻訳〟するだけでも役に立つ。たとえば、製造現場で生産管理を担当していた人が、いくつかの共通語を学ぶだけで、今まで身につけてきたスキルがサービス業でも生かせるようになったという。

現役時代に蓄積したスキルを利用する例では、フィリピンに進出したいという中小企業が、大企業で海外駐在員の経験がある退職者を雇って活用した。双方が生かしあえる一石二鳥のケースだ。両者のニーズをつなぐ仲介ビジネスもすでに出てきた。

さまざまなサービス産業が起これば、必然的に労働力が必要になる。女性の労働力が活用されれば、そこに子育て支援の民間サービスが増えていかざるをえない。高年齢者に向けては、再雇用教育のサービスが生まれる。

そうしたサービスが増えれば、女性や高年齢者が働きやすくなる。所得が増えて消費が増える。そうした循環が日本の活力を維持することになる。

企業や産業のあり方、人々の働き方の両面が時代に応じたかたちに転換していけば、日本は成熟した豊かさを実感できる社会になる。

視点 「公平感をつくる」

人口減少時代の年金制度

日本の社会を安定的に維持するためには、国民の「安心」だけではなく、「公平感」も必要になる。

世代間の不公平の象徴として批判されているのが、現行の年金制度だ。若い人ほど保険料の支払い総額よりも受け取る年金の総額が少なくなることに、彼らは不安を抱いている。

年金制度は、現役世代が引退世代を助ける「世代間の助け合い制度」であり、高齢者のための保険制度だと思われているが、実は違う。

年金制度は機能としては、現役世代が親の生活を心配せず、自由に活動できるようにするための保険制度だ。高齢者の親に十分な年金が支払われなければ、現役世代に経済的にも精神的にも負担がかかる。

一定の年金をもらっていれば、親が病気になったり介護が必要になったりしたときを別とすれば、現役世代の多くは、親の経済的な側面を心配せずに、自由に住む場所や仕事を選べているのではないだろうか。

自慢できる話ではないが、私自身も80歳を過ぎた両親の生活をまったく気にせずに、自由に政治活動をさせてもらっている。

まず、このことを見すえて年金制度を考えていかなければならない。

現役世代は高齢者世代よりも人口が少ないため、見かけ上は負担が多いように見えるが、そのとき、その都度ちゃんと精算していれば、世代全体としてはつじつまは合う。

人口構造が下向きの三角形のときは、賦課方式による現役世代の1人当たりの年金保険料は、人口が少ない分だけ増えるが、1人当たりが上の世代から受け継ぐものも増える。

たとえば、10人兄弟で上の世代を支えていたときは、保険料は10分の1で済むが、遺産も10分の1だ。これが1人っ子なら、保険料も1人で負担しなければいけないが、遺産も1人占めにできる。

図式的に説明すればそうなり、そこは必ずしも不公平ではない。人口減少分だけ負担は多いが、その分、受け取る分も多い。そこは割り切るしかない。

ただ、現在は現役世代で負担すべきものを負担せずに、借金にして次世代に先送りしている。次世代は人口減少分の負担に加えて借金までかぶせられ、不当な負担増となっている。こんないびつな構造の社会がいつまでも持つわけがない。

同世代の公平化

この縦の世代間の不公平に加え、より問題なのは、横の同世代間の不公平についてである。

親から引き継ぐ遺産相続の格差は、時に現役世代の活動を大きく左右する。たとえば、巨額の遺産だけをもらい受ける人と、借金だけを残された人とでは、生涯にわたって格差が残る可能性がある。

この家系間の格差が、資産格差となり、そのまま社会格差の固定化につながっている。社会格差の拡大は中間層を崩す。すると、お金の動きが止まって経済が停滞する。ここは今ある制度を変えなければならない。

その上、上の世代を支える負担の面で、1人当たりの分担が大きくなる中で、受益の面で上の世代から引き継ぐものに大きな格差があるのでは、若い世代の納得感は得られない。

租税の機能のひとつに、税の負担と配分を調整し、所得や資産の再分配をはかる働きがある。

既得権を是正して、同じ世代の不公平を軽減するためには、まず相続税を強化して、横の格差を調整する必要がある。相続税の累進税率が高いほど資産の再分配効果が大きい。そして、「どうせ税金で持っていかれるなら、生きているうちに使ってしまおう」と高齢者の消費を促進する効果がある。

あるいは、資産の再分配という調整の必要がないように、生前に遺産を最小限にする方法もある。

たとえば「リバース・モーゲージ」という制度だ。自宅を担保にして銀行などから借金をし、その借金を毎月の年金というかたちで受け取る。自宅を所有してはいるものの現金収入が少ないという高齢者世帯が、住居を手放すことなく収入を確保するための手段である。

平均寿命まで生きたらトントンとする。平均寿命より長生きしても、ちゃんと年金は支払う。平均寿命より早く亡くなると損するかたちになるが、そこは「ごめんなさい」で了承してもらう。

公的な制度を枠組みとしてつくり、民間金融機関か生命保険会社を通じて展開していくのが現実的だろう。基本的には、自分たちの財産は、自分たちの世代で使い切らなければ相続税で持っていかれて損をする、という制度設計だ。

こうした制度の基本思想は、自分たちがつくった財産は自分たちが生きている間にできるだけ使ってもらうということだ。

お金を使って、いい生活をしてもらい、同時に景気を刺激する。相続税の調整よりも、本来ならばこちらのスタイルを主軸にすえるべきだろう。

第4章

生き残りの新戦略

——対外経済

２０１７年には日本の貿易収支は赤字トレンドに入る。
このままでは日本は食べていけない（153ページ）

海外展開は必ずしも国内産業の空洞化や
雇用喪失につながるものではない（166ページ）

歌舞伎も浮世絵も大事だが、
国境を越えて身近に感じてもらえる
日本のポップカルチャーには可能性がある（176ページ）

このまま放置すれば、東京直下型地震よりも
はるかに高い確率でハイパーインフレになる（189ページ）

1 勝ち残れる技術力

■31年ぶりの貿易赤字

いくら内需が喚起されて国内で経済が回っても、それだけで国家は成り立たない。エネルギーも食糧も輸入に依存する日本は、それに要する資金を輸出で稼ぐ必要がある。

2011年の日本の貿易収支は2兆4927億円の赤字だった。これは第2次石油危機で原油輸入額が膨らんだ1980年以来31年ぶりの貿易赤字で、赤字額は過去2番目の規模だった。

東日本大震災や歴史的な円高、タイの洪水、海外景気の低迷で輸出が落ち込んだことに加え、原発事故で火力発電用の燃料の輸入が増えたことによる。

では、これは単年度の一時的な現象かといえば、そうともいえない。これまでの傾向から推定すると、2017年には日本の貿易収支は赤字トレンドに入る。

このままでは日本は食べていけない、ということだ。

では、日本は海外に何を輸出していけばいいのか。

近代化プロセスの初期段階は軽工業で、ほとんどの国は繊維産業からスタートした。繊維産業から始まって、鉄鋼や造船など重工業に移行し、電機、自動車へと進展する。基本的にこの工業化・近代化プロセスの進展具合は、それぞれの労働対価と技術力、資本力によって決まっていた。

しかし、これからの経済政策にこうした既定路線は存在しない。「これをやれば日本は伸びる」といった筋書きの決まったプロセスはない。同じことをやがて後続の中国やインドが、より安い労働力を使って繰り返すからだ。

規格大量生産の時代は終わった。日本の海外戦略は、「日本でなければ生み出せないものは何か」を考えることに変わっている。言い方を換えれば、何が売れるのかを見つけること自体で企業が競争する時代になった。

となれば、比較的大きなニッチ市場、隙間市場を狙っていかなければならないことになる。すなわち、特定の需要と客層を持つ市場をターゲットにして、既存の商品やサービスでは満足できない海外の消費者を開拓する必要がある。

■震災と洪水が示した供給網

東日本大震災では、サプライチェーンすなわち複数企業による供給網が寸断された。地震と津波で東北地方の工場が破壊され、福島では原発事故の放射能汚染のため工場の生産がストップした。

この結果、実際に被害に遭った工場だけではなく、その取引先の企業が想像以上に大きなダメージを受けた。たとえば東北でしか作っていない自動車の部品があり、その工場が復旧しなければ、それに関わる他の工場のラインがすべてストップしてしまう。

最も深刻だったのは、鉄道の車両の修理をするための部品工場が、福島原発の周辺にあったことだった。この部品がなければ、鉄道の安全システムに影響する。なんとかして図面だけでも早く持ち出さなければならない状況だった。

被災した東北だけでも、その工場が動かなければ、被災地以外の工場もストップする。日本どころか世界中の生産ラインに影響を与える。そんな工場が多々あった。それらは大手や大企業の子会社ばかりではない。私も初めて名前を聞くような会社も少なくなかった。

2011年10月、タイで起こった大洪水でも同様の事態が生じた。洪水で直接大きな被害を受けた日本の自動車メーカーの工場は1社だけだった。しかし、自動車メーカーの下請け、孫請けの納入業者に当たる日系の部品メーカーの工場生産がストップしてしまった。

その部品メーカーで作ったものは、たとえば日本の工場に運ばれて、そこで日本製の自動車が完成する。タイの部品工場が被害を受けると、日本の自動車生産がダメージを受けると同時に、世界の企業が大きな影響を受けた。

自動車だけではない。パソコンの記憶装置であるハードディスクドライブの半分ほどは、洪水被害の地域周辺で作っている。そのかなりの部分は日系企業のものだ。

あるいは、携帯電話で半分に折れ曲がる部分の機構を作る技術は日本以外ほとんど持っていない。

東日本大震災とタイの洪水によって、日本の部品・素材メーカーが、いかに世界のもの作りの根幹を支えているかを私たちはあらためて知ることになった。

■部品・素材に見る技術力

規格品を大量生産する場合、それぞれの部品をネジで留めたり溶接したりする組み立て作業は、相対的に高い技術を要しない。しかし、その元になる部品や素材となれば、今やおしなべてハイテクだ。

たとえば、半導体の製造工程には数百という企業の高度な技術が関わっている。機械・電気・物理・化学・情報処理などさまざまな技術の集約によって、付加価値の高い製品がつくられている。

半導体の製造装置を作る部品と素材に関しては、日本が最先端の技術を持っている。微妙な温度の違いや組み合わせ方の違いで、品質に大きな差が出る高度技術の世界である。

鉄はかつて日本の主力産業のひとつだったが、現在、鉄の生産量は中国が圧倒的なシェアを占めている。通常の鉄骨・鉄板を安く大量に作るには、日本はもはや中国に水を空けられたかたちだ。

では、日本の鉄鋼産業が軒並み立ち遅れているかといえば、そうではない。非常に強度が高く、しかも薄くて軽い鉄を作る技術は日本が圧倒的に先行しているからだ。

燃費がいい自動車をつくるには、車体の鋼板は軽ければ軽いほどいい。しかし安全性を考えれば、同時に強度が必要となる。薄くて強い鉄は、次世代の自動車をつくるうえでは欠かせない技術だ。

■炭素繊維の威力

最近の日本の産業において最も国際競争力を持っている製品のひとつは炭素繊維だろう。炭素繊維は国内メーカーが世界シェアの7割を占めている。

２０１１年10月に運行を始めた「ボーイング７８７」は、東レの開発した炭素繊維を機体の大部分に使った次世代中型旅客機である。

ボーイング７８７の35％は日本製だ。なかでも機体は金属ではなく、炭素繊維を使って軽量のため、航続距離、巡航速度は従来機を大幅に上回り、燃費もいい。

私は２０１２年１月にスイスで開催された世界経済フォーラム年次総会（ダボス会議）の際に、日本の大臣として初めてこのボーイング７８７の国際線に搭乗した。これまでとは機内の湿度と気圧が明らかに違った。

これまでの機内は金属製の機体が腐食しないよう、湿度は3~5%と非常に乾燥していた。炭素繊維なら20~30%の湿度が維持できる。

また通常、飛行機の上昇に伴う気圧低下によって耳がツーンとするが、それがほとんどなかった。機外と機内との気圧差が大きすぎると、機体にかかる圧力が大きくなるため、これまでは外気圧に合わせて機内の気圧も低下させていた。だが、炭素繊維では、強度の違いからそれほど気圧を下げる必要はない。

さらに、機内装備や快適性の工夫は全日空が担当し、非常に快適だった。

この飛行機と似た例がパソコンにある。パソコンメーカーはいろいろあるが、パソコンの頭脳であるCPU（中央演算装置）は、アメリカの半導体メーカーのインテル製が世界で8割のシェアを占めている。しかし、あまり知られていないが、インテル製CPUをPCに搭載する時に必須の部品はほとんど日本製なのである。

サプライチェーンの寸断でも見たように、部品・素材という製品の基礎部分のかなりを日本製が押さえている。

飛行機やパソコンをつくるという競争では勝てないかもしれない。しかし、その中に入っている高度な技術を要する部品や素材は、技術力で押さえてしまえば、常にある部分に特化したトップランナーを続けていける。

最先端の技術を要する部品や素材の製造は、大量生産には必ずしも適さないものも多いが、その分、大量生産に強みを持つ新興国と戦いやすい。この分野をしっかり守り育てていけば、日本経済はこれからも世界で十分戦っていけるということだ。

2011年は記録的な円高となり、日本における輸出産業は大きなダメージを受けた。円高とは円の価値が世界の通貨と比較して相対的に上がることだ。日本の膨大な財政赤字だけを見るなら、これほどの円高は理屈に合わない。

しかし、ものづくりの先端分野で日本が潜在的に有する高い技術力に目を向ければ、さまざまに不安定要因を抱える各国と比較して、日本が底力を有するという評価は正当だといえる。

■技術の汎用性を確保

部品や素材については日本が最先端の技術を有している。しかし、技術で勝つても、事業で負けてしまうケースがある。

プラズマや液晶といったコアとなる部品の開発に力を注いだパナソニックやシャープが海外企業に遅れを取ったのは、そのコア部分と同時に、テレビなどの自社製品をも開発、販売せざるをえなかったからだ。

自社製品の仕様に合わせて開発した部品・素材は、自社以外のメーカーには使いづらい。液晶などの部品は世界中のテレビメーカーが使えるよう汎用性を持たせて開発、販売しなければ、国際競争力を発揮できない。

炭素繊維を手がけた東レは、飛行機を造っていないからこそボーイング社に素材を売ることができたのである。

部品と製品の関係は、製品とシステムの関係にも当てはまる。太陽光発電のシステムに関わるビジネスで最も成功している企業は、太陽光パネルを作っていないメーカーだ。自社でパネルを作っていると、そのパネルを使うようシステムを設計しなければならない。それだけ汎用性に欠け、世界のマーケットを押さえることができない。

設計・企画から素材・部品生産、製品販売、サービスまでのすべてを、単一の企業や本社、子会社、孫会社といった単一企業群が担う垂直統合型のモデルでは、非効率で販路も限られてしまう。

こんなケースがある。高い技術力を有する部品製造会社があったとする。日本では垂直統合モデルによって下請け、孫請けに甘んじなければいけない。しかし、海外においては系列の束縛から解放されて、自由に販路が拡大できる。

たとえて言えば、日本国内ではトヨタに向けてのみ部品を納入していた中小企業が、海外ではホンダやメルセデス・ベンツとも取り引きできる、ということだ。

現在、急成長している中国の工作機械メーカーの例を挙げれば、高い精度を要求されるコアの部品については、日本の工作機械メーカーの下請け会社に製造を依頼している。

日本の工作機械メーカーが海外で製品を売る場合、工作機械そのままだと付加価値の低い部分がセットになっているために買いたたかれてしまう。だが、下請け会社はＩＴを使って中国側のメーカーと部品の直接取引をすることで利幅を大きく引き上げることができた。

あるいは、海外進出した日本企業が製品を作る際に、付加価値の高い製造工程だけは日本で作り、それ以外は現地工場で作って組み立てて売るというケースもある。

■攻めの中小企業対策

日本には、世界で通用する、ダイヤモンドの原石のような中小企業が実はたくさんある。それを掘り起こして刺激を与え、後押しをするプランを経産省は進めている。

このときに留意すべきは、人材の確保だ。

世界に冠たる技術を持つ部品や素材の企業には、有能な人材が集まっている。しかし前述のとおり、日本ではどうしても、いまだ就職の大企業志向が強い。最先端の技術や知識、ノウハウを持っている企業には、一般には名前を知られていない企業が数多くある。そういう企業を下支えしている取引業者もある。ここに意欲と能力を持つ人材が集まらなければ、10年後、15年後に技術で最先端を行くことはできない。

規格大量生産の場合は規模が大きいほどスケールメリットが生かせるが、高付加価値を有する今後のもの作りは、オーダーメイドに近いものほど有利になる。

となれば、国際的な競争力を持つ企業は中小が中心とならざるを得ない。事実、部品や素材で最先端の製品の多くは中小企業が担っている。ある部分に特化したニッチ製品は、大企業で作るメリットが相対的に小さいからだ。

必ずしも有名ではない中堅・中小企業に若い才能を集める枠組みをどうつくっていくか。経産省で私が重点的に進めてきた政策が、この中小企業政策だ。それは、従来の中小企業政策とは質を異にする。

これまでの中小企業政策は、弱くて小さな中小企業を助けるという保護政策が中心だった。この円高状況ではそれもある程度は必要だ。潰れなくていい会社、支えなくてはいけない会社はたくさんある。

しかし、今後の中小企業政策は、有名ではなくても高度な技術を持つ企業がもっと伸びるよう後押しする支援政策だ。私はこれを「攻めの中小企業政策」と呼んでいる。

高い技術を持つ中小企業が国内外で十全に展開できるかどうかは、今後の日本経済の行方を左右する。常に国際競争にさらされている大企業はある程度は自力で闘える。しかし、中小企業がそうなるまでには、まだ助けが必要だ。

■海外進出が内需を生む

経産省が後押ししようとしているのは、中小企業の海外進出、工場の海外建設だ。円高を背景とする企業の海外移転で「日本経済の空洞化」が憂慮されている。「空洞化を促すのか」との指摘があるかもしれないが、そうではない。

私はインドネシアやシンガポール、中国、フランスなど海外に出張したとき、現場に進出している中小企業の方々に集まってもらい、それぞれの意見を聞く場を持つよう努力してきた。

海外に進出して成功している中小企業は、国内に生産基盤を残したまま進出している。異口同音に出たのは、国内で苦しくなったために日本から撤退するかたちで海外に進出する企業はほとんどない、あったとしても多くはうまくいっていない、との意見だった。

国内に技術と足場をしっかり持ちながら、円高を乗り切るために海外にも拠点を設けようという意欲のある企業でなければ、たとえ海外に進出してもうまくいかない、という指摘だ。

面白い統計データがある。中小企業へのアンケート調査によれば、海外展開した企業ほど雇用が増加している。海外投資を行った企業は、国内に残す工場を縮小するため一時的に雇用は減る。他方、海外に進出しなかった企業も、円高の影響で従業員数が徐々に減る。そんな中で、3年ほど経つと、海外展開した企業は6％以上の雇用の増加が認められるのである。

海外展開は必ずしも国内産業の空洞化や雇用喪失につながるものではない。海外では安い人件費を生かして利益を上げ、その収益を国内での高度な生産や研究開発に環流させる。そうした好循環を維持して、海外進出企業が国内でも好成績を上げている。

体力のあるうちに、海外展開できる企業は、日本に工場を残しながら海外に進出し、海外では安い賃金をうまく活用してものをつくる。一方で、そうした海外事業を支えるコアの部分は、国内の熟練技術者を中心に維持する。

国内は人件費などのコストは高くても、国内事業と海外事業の役割分担を進めることが、長い目で見れば成功につながるようだ。

ただ、中小企業が海外に進出する場合、前提となるノウハウが要る。国によっては、政情不安や為替、政策・税制・法律の変更、知的財産権の侵害といったカントリーリスクが存在する。それをフォローしていくのが経産省の役割ということになる。

2 日本のブランド戦略

■クール・ジャパン

部品や素材等の高度技術を軸とする中小企業の海外展開のほか、経産省で私が特に推進してきた事業のひとつに「クール・ジャパン」がある。国際的に評価されている日本の文化や価値、食などの海外展開を支援する産業戦略だ。

それこそニッチの世界だが、日本ブランドの強さはあなどれない。日本のポップカルチャーや食のブランド力は、大きな可能性を秘めている。

東日本大震災で日本人が見せた、ボランティアを含む災害への緊急対応をはじめ、さまざまな経験やノウハウは世界で高く評価されている。それも日本ブランドの強さを支えている。

東南アジアなど今後成長する国々に、「日本製を持っていることがブランド」という意識を広めるには、日本の相対的な地位が高い今のうちにクール・ジャパンを売り込む必要がある。

各国のエネルギーを担当する大臣が集まるＩＥＡ（国際エネルギー機関）の閣僚会議に参加するため、パリに出張した際のことだ。現地に進出している中小企業の経営陣らと会食する機会を持った。

彼らによると、日本食をはじめとする日本文化については、世界から非常に高い評価を受けている。

会食の場に、羊羹の「虎屋」（東京）の支社長がいた。私と同世代か少し下くらいの女性だった。「どうせホテルで朝食を食べるのなら、虎屋で出しているランチを朝食に出すので食べに来ませんか」という彼女の誘いでパリの街に出かけた。

場所は、エルメスなど華やかな店が建ち並ぶサンフロランタン通りの一角。当時の円高ユーロ安で換算すると、日本円で２５００円くらいのランチ＝朝食だった。それでも、毎日予約でいっぱいだそうだ。

赤飯に煮物は日本で食べているかのようにおいしかった。最後に和菓子がつくのは、やはり虎屋だった。

■もてなしという価値

日本人はルイ・ヴィトンのバッグやエルメスのスカーフなら高価でも買う。日本の時計が最も正確だとわかっていても、スイスの時計を買う。時計はスイスという一種の刷り込みがあるからだ。これがブランドの威力だろう。その意味では、日本の食品は食べ方も含めて価値を持つ。

日本の寿司は、パリっ子の食生活の中で完全にブランドとして定着している。パリでおいしい寿司を食べるには、日本人が経営している寿司屋と、そうでない寿司屋を見分けなければいけないという。日本人の寿司屋かどうかの見分け方を教えてもらった。

店に入ったら、まず「お冷やをください」と言う。日本人がやっている店なら

「承知いたしました」とすぐに水を出してきてくれる。日本人の店でなければ、「ガス入りですか？ ノンガスですか？」と聞かれて値段を示される。ここで見分けられるそうだ。

日本文化の価値の中には、そうしたきめ細かなサービスも入っている。これを守って広めていくことは、日本経済の財産になるばかりか、優れたもてなしの精神や繊細な心遣いといった日本の文化理解に貢献する。

パリの虎屋で朝食を運んでくれたフランス人従業員は、日本のマンガで日本語を覚えたと話していた。マンガで日本に関心を持ち、フランス語に訳される前のマンガを読みあさった。それをきっかけにきちんと日本語を学び、日本文化に関わりの深い虎屋に就職したという。

これに類する話は至るところで耳にした。私たちは自国の文化にもっと自信を持っていい。日本製品を持ちたい、日本食を味わいたい、日本文化を知りたい、というブランド化を進め、それに答えるものを売る。それを支援するのがクール・ジャパン戦略だ。

■農産物を輸出品に

シンガポールでは、会議が早めに終わったために次の予定までに時間が余った。

「枝野さん、高島屋に行きませんか?」

「こんなところで、お土産を買う必要はないよ」

「いや、見て欲しいものがあるのです」

経産省の官僚に促されて訪れた高島屋には、日本食品のコーナーがあった。原発事故の影響で東北の産地表示の食品は、ここでも風評被害に遭っていた。しかし、現地産の3倍ほどの値段がついている日本産のメロンが飛ぶように売れていた。

いったい誰が買うのか。まず、シンガポールのお金持ち。そして最近成長著しいインドネシアの大金持ちが飛行機でシンガポールに遊びに来た際に、高価な日本のメロンを大量に買って帰るという。

中国の広州に行ったときには、日本企業が現地の工場で牛乳を作り、それを日本のブランドで売っていた。原料の生乳も中国産で、中国の工場で加工したものだが、日本ブランドの効果で価格は現地の3倍だった。

いずれも原発事故後のことだ。それでも金持ちは日本ブランドを選んでいた。この日本ブランドの力を使わない手はない。農産品は日本の農家にとって十分採算の合う値段で輸出ができる。しかしまだまだ種類と量、そして何より意欲が足りない。

アジアが経済成長しているということは、高価でもおいしく安全なものを求めて買える人間が大量に出てきていることを意味する。日本の品質を求める富裕層が増加するとともに、爆発的な購買力を持つ中間層が誕生している。

アジアの中間層は、今後10年間で10億人増えると見込まれる。2020年にはアジアの個人消費の規模は、日本の4・5倍に膨れあがって、ヨーロッパを抜いてアメリカに並ぶ勢いだ。

■コシヒカリと盆栽

日本の農産物は、圧倒的に安全性が高い。これを工夫して大量に作れば、価格はもっと安くなる。そして世界に売り出せば、日本の農業生産品は現在のアニメや寿司のように必ず国際競争力を持てる。

たとえば、日本のコシヒカリは圧倒的にうまい。米を作る田んぼがあるのに、これまでは減反政策によって農家の農業収入は下がり、農業人口も減り続けた。このままでは、やがて日本の農業は死に絶える。

ここで発想を変えれば、日本のおいしい米は十分、輸出産品にできる。前述したメロンや牛乳の例から考えても、3倍以上の価格で売れるだろう。これは攻めの農業政策だ。

かつて米国からアメリカンチェリーが入ってくることが政治問題になったが、いざ輸入を解禁したら、山形のさくらんぼ農家が懸命にがんばって、今や山形産さくらんぼが高価格で出荷されるようになった。

農産品は工業製品に比べると、品質の違いがわかりにくい。しかし、日本の食べ物は確実においしい。海外旅行に行ってデザートの果物がおいしかったことがあるだろうか？　私はどこに行っても、海外の果物をおいしいと思ったことはない。

一方で同じ日本文化でも、盆栽の輸出産業化に関してはまだまだだ。

私の選挙区である埼玉県・大宮の盆栽村は、盆栽業者と盆栽愛好者が集まった高級住宅地で、海外からの観光客も数多く訪れる。海外で日本の盆栽は知られているし、評価も高い。

だが残念なことに、海外で日本製の盆栽はほとんど見かけない。パリの虎屋にも盆栽を置いていたが、「残念ながら、この盆栽はメイド・イン・台湾です」とのことだった。

日本の文化を代表する盆栽が、世界的に高い評価を受けながら、輸出産品として位置づけられていない。だから、日本人の目からすれば、本来の盆栽に値しない台湾製や中国製の盆栽がヨーロッパでは幅を利かしている。これは産業面ばかりか、文化面から見てもゆゆしき事態である。

私の大臣室には、大宮の盆栽を置いて、来室した外国の要人に大宮盆栽美術館の英語パンフレットと一緒に見せている。盆栽を輸出産品とするには、もっと積極的なアプローチが必要だ。

たとえば労働集約型産業のアニメの場合、原作は日本で、アニメーターは中国に下請けに出すというかたちで成立する。しかし、盆栽は絶対価値が違う。中国や台湾、ヨーロッパにも立派な盆栽の作り手はいるかもしれないが、やはり大宮の盆栽とは異なるだろう。

■ＡＫＢ48を輸出できるか

みんなは日本製と思って評価しているものが、実際は日本製ではないといったケースは、ほかにもたくさんある。それは日本文化が輸出産業として成立していないことによる弊害だ。

日本文化を海外に正しく伝えるためにも、日本のブランド価値を高めて、それをしっかりとビジネスにしていく展開が必要だろう。

ポップカルチャーの分野でも、特にアジアに向けてもっと積極的に国が後押ししてもいい。特定のコンテンツを売りだすといったレベルではなく、広い視野に立った国家的なブランディングである。

たとえば、韓国が取り組んでいるのは、国を挙げてＫポップや韓国ドラマのイメージアップを図り、海外に売り込む戦略だ。韓国に親近感を持ってもらい、海外の観光客を呼び込む狙いがある。

韓国のように国の主導で経済的にも支援するやり方が適切かどうかには疑問が

ある。ただ、歌舞伎も浮世絵も大事だが、国境を越えて身近に感じてもらえる日本のポップカルチャーには可能性がある。

かつて日本のドラマ「おしん」がアジア諸国で大きな人気を得たように、日本的カルチャーに関するアジアのシンパシーは高い。

どうしたらアジアに向けて日本のポップカルチャーをブランディングできるのか。ＡＫＢ48をプロデュースした秋元康さんからも知恵を拝借している。

秋元さんによると、「ＡＫＢ48は高校野球だ」という。つまり、高校野球は地域の代表であり、隣の男の子が甲子園で活躍する成長物語だ。ＡＫＢはその女の子バージョンであり、自分たちでアイドルを育てていくプロセスにこそ魅力があるという。

その意味では、山形の貧村に生まれた少女が苦難を乗り越えていく「おしん」の成長物語とも共通する。そして、この〝高校野球プロセス〟が、アジアの新興諸国では受ける可能性がある。

日本が持つ財産は、高くても品質がいいもの、独自の価値があるものだ。部品や素材、盆栽、農産物、ポップカルチャーなどがそうだろう。

そうしたブランド品を、さまざまな分野で作っていく。そして、外国に売るノウハウを生かす。これは21世紀、日本が今の経済力を維持して、これから20年、30年と続けていける唯一の道だと思う。

■インフラシステムの輸出

2009年の政権交代以来、政府が力を入れているのが「システム輸出」だ。鉄道輸送システムや省エネ都市、上下水道システムというインフラのシステムそのものの産業化において、日本の強みを発揮する。

上下水道の工事なら人件費の安い国はある。そこに通す水道管も安くつくることができる国はある。しかし、システムとして十全に機能し、5年、10年使ってもメンテナンス費を含めてトータルコストの安いものなら、日本製システムが断然有利だ。

たとえば、中国と日本の新幹線に対する信頼性の違いは、〝単品勝負〟ではなく、システム全体にある。日本のシステムなら、工程管理をしながら一定水準の品質を維持できる。

世界でインフラ需要は拡大を続けている。売上高ベースで1990年代半ばから2003年まで4000億ドル前後で推移していたが、2003年以降、毎年約900億ドルずつ急増し、2009年以降は1兆ドルを超えた。このうち海外受注分も約4000億ドルあり、大規模な市場になっている。

しかし、各国のインフラ海外受注額の推移を見ると、2005年以降売り上げを増やす中国や韓国に比べて日本は横ばい状況が続いている。

海外の生産拠点の活用や現地企業との連携、現地の民間専門家の協力でコスト競争力や受注競争力を強化するのはもちろんだが、日本のインフラシステムが運用・保守面などトータルで見た場合、コスト面でも優れていることが十分に理解されていない。

また、インドネシアのジャカルタ首都圏開発構想、インドのデリー＝ムンバイ大動脈構想、南インドのチェンナイ周辺開発構想などに日系企業が包括的に参入したように、1件ごとの受注ではなく、面的な開発に構想段階で関与する必要がある。国はこのためファイナンス支援などの制度整備を進めている。

大きなシステムの輸出で最も有望なのは、スマートコミュニティだろう。街全体の電力の有効利用や再生可能エネルギーの活用を、都市の交通システムなどと複合的に組み合わせた社会システムだ。

先進国から新興国まで世界中で構想されており、日本が国際展開できる可能性を秘めた分野だ。日本国内でスマートコミュニティの運営ノウハウを積み重ねながらトップランナーを目指している。

これから新興国を中心に世界中でどんどん原発が造られる。ここに原発技術を持っている日本はどう関わるのか。日本は原発をなるべく早くなくすべきだと私は思っているが、原子力の平和利用は進めるべきだと考えている。

原発の利用の是非は、その国の地震や津波、安全保障上、治安上のリスクの大きさやそれが顕在化した場合の被害の規模を想定した上で、それぞれの国が主権に基づき、判断すべきだ。

国内で原発をつくらずに日本の技術がどれだけ維持できるかは重要な論点だが、現時点では日本の原発技術に対する評価は高い。

海外の原発建設国から日本の企業に技術の支援要請があった場合、自国が原発をやめていくからという理由で、現在持っている高度技術の供与を拒むのは無責任だろう。むしろ事故の教訓を生かして世界における原子力の平和利用に寄与すべきではないか。

3 新たな戦術

■現地ニーズの把握

日本が持つ技術力や文化価値を海外で事業展開するには、実際にはどうすればいいだろうか。

流通のカギを握るのは、現地のニーズをいかに把握するかである。流通ノウハウを蓄積している商社は、いまだ製品流通に重心がある。

文化や生活産業に関する海外マーケットのニーズをしっかりと把握するためには、現地の庶民生活へ分け入って、地域の文化・風習までを理解する必要がある。

そのためには現地の企業が情報源になって、「日本でこういうものを作れば売れる」「こういうパッケージにすれば受ける」という情報を発信していくのが理想的だ。

たとえば、「味の素」がパリに進出して、ヨーロッパに工場を持っている。そこで作った「味の素」を１袋１円に小分けすることによって、アフリカの貧しい国で飛ぶように売れているという。日本人には思いもよらない売り方が、海外では熱烈に受け入れられた好例だろう。

新興国への販路を広げるため、性能を意図的に落とした製品開発を日本のメーカーが始めた。それまでは、いかに高性能で多機能のものを作るかにしのぎを削ってきたが、いくら性能的に優れていても、消費者ニーズに合っていなければ意味はない。

たとえば、インドで日本のクーラーを売ろうとすると、そのままでは売れなかった。インドの住居では各部屋の天井すべてにファンが付いていて、空気を循環させている。そのためクーラーの冷風は一方向にだけ出ていればいい。一日中暑いため温度調整も不要だ。

風向調節や温度調節の機能をなくしてコストダウンを図り、シンプルな省エネ型のクーラーを作ったら、途端に売れ出した。

日本の省エネ技術に価値はあっても、それだけでは不十分だ。現地ニーズに即応した機能に特化して、他のものは削ぎ落とすという工夫とアイデアが要る。日本の潜在的な力をビジネスにつなげるには、まだまだ開拓できる領域が残っている。

■情報と場の提供

単品では売れなくても、組み合わせを工夫することで新たな価値が生まれることがある。

たとえば、日本の伝統工芸品である食器は、美的にも大変優れている。しかし、漆塗りの食器を単品で売っても、せいぜいお土産品止まりで大きなビジネスにはならないだろう。

ところが、各国で評価される日本食のレストランがはやり、各国の家庭で日本食を味わうようになれば、日本食とセットで日本の食器が売れる。

漆塗りや陶磁器、金属加工品など、現在ばらばらに販売している食器類と、日本の外食産業や農業生産物が結びつければ、〝食のシステム輸出〟が可能になる。

米を売るなら、炊飯器とセットにする。

あるいは、複数の業界、複数の企業が横断的にチームを組めば、ばらばらに存在していた商品が一種のシステムとして商品になる場合もある。

このとき必要なのは、何よりも情報だ。たとえば、ある特定の技術が、特定の市場で、特定の応用の仕方をすれば商品化できる、といった情報が潜在している。しかし、肝腎の企業にその情報が伝わらなければ、日本国内で下請けに甘んじたままだ。

国の出番はここにある。これまで述べてきた海外戦略を加速させるために、国がなすべき支援策は、イノベーションそのものの後押しにとどまらず、どこに着目をして資本投下すべきか、どういうコラボレーションをつくるべきか、そうした判断や行動の前提となる情報と場の提供だろう。

政府主導の情報発信と場の提供は、クール・ジャパンを先行させている。クール・ジャパンが定着すれば、日本がブランド化されて波及効果を望めるからだ。

国にマーケティングそのものはできなくても、マーケティングの手伝いはできる。「こういう企画に関心のある企業は集まってください」とイベント的に場を提供する。そこには、新たな価値を生み出す異業種、異職種のマッチングを促す効果がある。

■国際分業の視点

これまで述べてきた国際競争への参入は、一方で国際分業の話でもある。日本が生き残っていくためには、世界全体の経済そのものが安定的に回っていかなければならない。

今後、世界でエネルギーと食糧が不足するのは確実だ。たとえば、日本が再生可能エネルギーの技術を開発して、世界中の人々に使ってもらう。これは日本の経済戦略上、必要なことだが、世界のエネルギー不足解消にとっても不可欠だ。エネルギー不足は即座に日本人の生活に跳ね返ってくる。

食糧不足については、さらに深刻だ。世界中の人々が先進国と同じように豊かな生活をしようとすれば、近い将来、必ず食糧危機が訪れる。それに備えて、まず日本の食糧自給率を高め、食糧生産の効率化が必要となる。

世界で食糧不足となったとき、たとえば日本の米は高値で買われるだろう。

「海外からの農産物輸入を止めて、日本農業をいかに守るか」が議論されているが、食糧危機になれば、世界の国々が日本の農産物を争って買い求めることは間違いない。

面積当たりの収量が高く、しかもおいしい農作物を作ることにかけては、日本は長年、ノウハウを積み重ねてきた。その技術を使って、世界中で農産物を作ってもらわなければ、私たちの食糧も不足することになる。

「日本はまだ豊かだ。今まで通りやれば、現在の生活を守れるのではないか」と思ったら大間違いだ。これからエネルギーと食糧をうまく世界で融通していかなければ、日本も苦境に立つことになる。

今後の国際競争には、地球的な視野のもとでの国際分業の視点が不可欠になる。

視点

「ハイパーインフレの危険性」

リスクの先送りはできない

現在のデフレから抜け出すには、医療や介護や年金にしっかりとお金を注ぐ以外に有効な方策はない。

医療保険と介護保険と年金で、最低限の老後の安心を保障されて初めて若い世代は現役のうちにお金を使うことができる。そうして内需を拡大することで経済に活力を与える以外、デフレを止めることはできない。

実態を知れば知るほど、社会保障の充実に向けた増税をこれ以上先送りはできない、というのが私の強い実感だ。

日本の社会保障給付は、1990年には56兆円（GDP比12％）だったが、2011年には100兆円（同21％）と20年間で倍増する。

少子高齢化で人口構成が変わっていくことで、ほぼ自動的に年間約1兆円の負担が増えている。今以上に医療や介護を充実させることはなく、ただ高齢者が増え、負担をする現役世代が減るという効果だけでこの金額だ。5年経てば5兆円増える計算だ。2025年には150兆円（同25%）に増えるという内閣官房の試算もある。

この間、これをいろいろなつじつま合わせをしながら、すべて借金で先送りをしてきた。借金を少しでも減らそうと、自公政権の後半で、社会保障費抑制政策によって毎年1兆円増える分のうち2200億円を削減した。

しかし、その結果、全国的に公立病院の統廃合が進んで「医療崩壊」といわれる状態をもたらした。

政権交代後の政策転換で、それはなんとか元に戻したが、元に戻したということは、毎年自動的に1兆円増えていく状態が続いているということだ。

無駄を削れば、毎年継続的に1兆円の余剰金が生まれるという主張は、まったくの絵空事でしかない。その絵空事に甘んじて、無責任にリスクを放置することはできない。

あるいは「景気がよくなれば事態は改善する」との見方がある。景気の悪い原因の一つが累積債務であり、医療や介護や年金に十分予算が投じられていない不安にあるのだから、順番がまったく逆である。

ギリギリの状態

日本の累積債務は、国と地方を合わせて1000兆円に達する。今、日本は超低金利の状態にあるが、1%金利が上がるとそれだけで10兆円単位で利息の支払いが増える。国だけの累積債務は500兆円だから金利が1%上がれば5兆円、2%上がれば10兆円の金利負担が増える。

これに対して日本の国家予算は約90兆円だ。税収は多めに見積もって年間40兆円。金利が1%上がる事態はすぐにも起こりかねない。そうなればもう取り返しがつかなくなる。

私は3・11の経験を経て、いっそう危機感を募らせるようになった。3・11は千年に1度の大地震、大津波に十分備えていなかったため、守れる命を守れなかった。福島原発事故もそうだ。多くの人々がふるさとを離れなければならなかった。強く後悔している。

金利上昇によって利息が支払えなくなり、結果的にギリシャのように財政破綻する確率は、千年に1度どころではない。

日本の近代史を見ると、借金で行き詰まったため円の価値が暴落してハイパーインフレになるという現象は、戦後直後の1940年代後半に経験している。世界の歴史を見ても100年に1度くらいの割合で起こっている。日本は、たまたまこの60年間起こらなかっただけだ。

首都直下型地震の可能性が取りざたされているが、このまま放置すれば、東京直下型地震が起こる確率よりも、はるかに高い確率でハイパーインフレになる可能性がある。

そうなれば、増税をしても、それを借金の金利の支払いに当てるしかなくなる。社会保障も公共サービスも大幅にカットせざるを得ない。

東北地方は、今は3・11の直接被害を受けなかった地域で支えられるが、ハイパーインフレになれば、国としてどうにも手の打ちようがなくなってしまう。

そうなってしまうリスクが、少なくとも10%、20%という高い可能性である。そんな事態への対応策を先送りすることは許されない。

そうなってからでは遅い

ギリシャから火の手が上がったヨーロッパ経済危機は一進一退を繰り返しているが、マーケットは次のターゲットを探している。日本は次のターゲットにされてもおかしくない状況だ。

マーケットの信認を支えているのは日本にまだ増税の余地があるからだ。政府が厳しい世論に抗して増税を実施できなければ、到底信任を得ることはできない。もちろん、「社会保障と税の一体改革」の実施だけでは間に合わない。しかし、「景気が回復するまでは、借金を重ねよう」といった安易な姿勢でいると、間違いなくマーケットに狙われるだろう。

そうなってからでは手の打ちようがない。そうなってからでは遅いのだ。

「景気の回復を待ってから増税」という主張は、いまだ成長幻想に浸った見方だ。景気が良くなれば、金利が上がる。財政はその瞬間に破綻する恐れさえある。少なくとも景気が良くなった分だけ、返すべき借金は増える。

消費税を上げることで経済が短期的に冷え込むリスクは否定できない。

確かに、1997年に消費税を3%から5%に上げたときは、全体経済が急激に悪化する途上だったため、増税による悪影響に見えた。しかし、増税の駆け込み需要とその反動の落ち込みをならしてみれば、増税は経済のトレンド自体を変えていない。

ヨーロッパの前例を見ても、私は少なくともトレンドとしての経済に、消費増税が悪影響を与えることはないと考える。

今はギリギリの状態だ。今ならば、まだ間に合う。どんなに厳しくても、なんとか国民みんなが負担して、借金の膨張を食い止める必要がある。

第5章

覚悟を求める政治

——参加型民主主義の時代

敗戦後と同じように、現代の政治にも「敗戦処理」が必要だ（196ページ）

総理大臣という職は、目指してなるものではない（201ページ）

私の本音を言えば、現代の鈴木貫太郎の役割を、本当は民主党の鳩山由紀夫さんと菅直人さんにやってもらいたかった。旧来の秩序にきっちりと終わりを宣言してほしかった（203ページ）

私の言う「市民参加」は、市民にも責任の共有を求めることであり、その覚悟を促すことである（222ページ）

自分の意見を受け入れてもらえる説得力がない政治家は、いずれ淘汰されるだろう（227ページ）

1 敗戦処理からの出発

■移行期の混乱

現在は「第三の改革」の時代と言われる。第一は300年近い鎖国と幕藩体制を終わらせた明治維新、第二は維新後から太平洋戦争に至る軍国主義と決別した敗戦後である。

時代が変転するとき、既成の秩序を破壊することによる混乱が生じる。混乱そのものが問題なのではない。それが次代の建設に向かう動きかどうかが本質的な問題である。

明治維新にも大きな混乱があったが、維新があったからこそ日本の近代化が始まり、以後の日本はかたちづくられた。それを思えば、混乱の期間を一概に否定的に捉えることはできない。

近代化のプロセスが終わった現在は、まさに次の時代へ移行する混乱期にある。

その意味では、現代を敗戦後と重ねて見ることもできるだろう。敗戦後と同じように、現代の政治にも「敗戦処理」が必要だ。

ただ、戦争と異なって、「終わり」と「敗北」は見えにくい。

この時代の「敗戦」とは、近代化プロセスが限界に達した後もそれを続けてきた結果、世の中のひずみが大きくなりすぎたことだ。

その結果が財政危機であり、格差拡大であり、就職難民であり、原発事故である。さまざまな領域で、時代のひずみが目に見えるかたちで噴き出している。

近代化のプロセスが、時代とずれた結果生じるそうした過渡期の矛盾を処理することが、すなわち「現代における敗戦処理」である。

私たちは今、新しい時代に向けて敗戦処理をすることから出発しなければならない。

敗戦処理の混乱を最小限に抑えるのが、政治家の仕事だ。しかし、それは大きな困難を伴う。

第2次世界大戦終結時の総理大臣、鈴木貫太郎（在職1945年4月〜8月）は、まさにその困難な仕事をやり遂げた。

歴代の総理大臣の中で、最も困難な仕事をなし、そのことによって日本を大きく前に推し進めたのは誰かと聞かれれば、私は迷わず鈴木の名前を挙げる。現在あるべき政治を考えるために、敗戦時、鈴木が何をなしたかをまず見てみる。

■鈴木貫太郎の政治

鈴木は海軍軍人だった。連合艦隊司令長官から海軍軍令部長へと上り詰めた後、1936年の2・26事件で重傷を負いながら九死に一生を得て、侍従長として退任するまで8年間、昭和天皇に仕えた。

鈴木は生涯にわたって「政治は苦手」と公言していた。まして生粋の軍人たる鈴木にとって、大日本帝国軍隊が葬られるときの総理大臣は最も避けたい仕事だっただろう。実際、重臣会議で総理に推挙されたときも固辞の意を伝えている。

しかし昭和天皇の鈴木への信任は厚く、「この重大なときに当たって、もうほかに人はいない。頼むからどうか曲げて承知してもらいたい」と懇願された。辞退の道はなかった。

戦争に勝つことが国民みんなの願いだった。しかし勝てる見込みはなかった。負けるという決着をつけなければ、次の時代には進めなかった。

鈴木は就任に当たって「国民諸君は、私の屍を踏み越えて、国運の打開に邁進されることを確信いたしまして、謹んで拝受いたしたのであります」と表明している。

鈴木が総理に就任したのは77歳。日本の歴代総理の就任年齢では最高齢だ。鈴木が就任の時点で戦争に勝つ公算がないと考えていたことは、歴史的に検証してほぼ間違いはない。しかし、そのまま終戦を宣言すれば、本土決戦を辞さない強硬派の陸軍等によるクーデターが起こったことは確実だった。

鈴木はそれを避けるため、表向きは徹底抗戦の言動をとりながら、水面下では終戦の道を探った。そして、天皇の「聖断」により降伏へと日本を導いた。

大戦を終える決断とそのプロセスは、私たちが歴史で知る以上に困難を極めたはずだ。周囲からは終始、その真意を疑われていたことは想像に難くない。

不屈の意志と大局観、老練とも言える政治手腕を持つ鈴木でなければ、終戦のプロセスはもっと混乱に満ちたものになっていただろう。

総理を辞めるとき、鈴木は同時代人からは決して評価されなかったに違いない。しかし、鈴木のなしたことこそが「政治」だと思う。鈴木の敗戦処理があったからこそ、日本は次の時代への一歩を踏み出せた。

■使命感と「仕方がない」

鈴木が最も困難な仕事を担ったモチベーションは、美しく言えば「使命感」、俗っぽく言えば「仕方がなかった」のだと思う。

戦争を終えなければいけないことは、すぐれた軍人だけによく分かっていただろう。誰かがやらなければいけない。歴史を知る観点から言えば、当時、戦争を終わらせることができた人物は、鈴木のほかにはいなかった。

やりたくはない。だが、やらざるを得ない。だから「仕方がない」。使命感とは「仕方がない」の裏返しの表現である。

翻って自分について考えても、震災や原発事故が起きたとき、好んで記者会見に臨んだわけではない。3・11に官房長官だったのはたまたまであり、原発問題に真正面から向かうべきこの時期に経産大臣など引き受けるべきではない、と周りからは助言された。

しかし、政治家である以上は自分の損得勘定に左右されるわけにはいかない。自分がやるしかなかった。そういう状況であり、そういう巡り合わせだった。やはり「仕方がなかった」のだ。意に添っても添わなくても、敗戦処理をやる時であり、やれる立場ならば、やらなければならない。

そして、政治家の評価は、結局「何をなしたか」によって決まる。私が鈴木を歴代総理の中で最も高く評価するのは、敗戦への決断とプロセスを確かになしえたその功績によってである。

■時代に求められた吉田茂

鈴木の次に大きな仕事をしたのは吉田茂(在職1946年～47年、48年～54年)だろう。

吉田茂が取り組んだのも、基本的には敗戦処理だった。終戦後の内閣で外務大臣を歴任した吉田は、総理として1951年にサンフランシスコ平和条約を締結して、戦争状態に終止符を打った。同時に、米国との間に安全保障条約を結んだ。

吉田のようなプライドの高い人物が、片務的な側面を持つ安保条約の締結を心情的に望んでいたとは思えない。しかし、それは当時の時代状況の中でなさなければならない敗戦処理の仕事だった。そして、吉田はそれを的確に成し遂げた。大戦中の吉田は表に出ることはなかった。敗戦が決定的なときに権力の座に就いても、先の展望は開けない。負けた後にどうするか。吉田は戦後の活動に備えて布石を打っていた。

総理大臣という職は、目指してなるものではないのだろう。吉田も最初の総理就任の要請を繰り返し辞退している。

鈴木も吉田も少なくとも表から見る限り、自ら総理大臣になろうとしてはいなかった。あえて言えば、時代から求められた。

そういう人物が政治のトップに立つべきであり、そういう人物こそが大きな仕事をする。

■意識改革と社会変革

ひとつの時代が終わるためには、まず意識改革が必要になる。「封建社会は終わった」「軍国主義は終わった」「近代化は終わった」という意識をみんなが共有するところから、真の変革は始まる。

意識改革と具体的な社会の変革は、同時並行には進まない。

第二次世界大戦の戦後処理を見ても、１９４５年8月15日から農地解放、貴族制度廃止、日米安保体制等へと一気に進んだわけではない。「終戦」という意識改革を出発点として、約10年かけて段階的に転換していったのだ。

私たちに今必要なのは、近代化の限界を認識し、それを次の時代に進む意識改革につなげることだろう。

自分たちは脱近代化の時代に入っていることを自覚し、明確な目的意識を持って動き始める。すると、従来のやり方で何とかつじつまを合わせていく動きとは、スピードも充実感も異なるはずだ。

新しい時代への準備として、たとえば脱原発ならば「原発には依存しない」とまず決める。そこから逆算して今なすべきことを構想し、着実に実行していく。

そうすることが、３・11で払うことになった多大な犠牲を無にしないことにつながるのではないかと思う。

私の本音を言えば、現代の鈴木貫太郎の役割を、本当は民主党の鳩山由紀夫さんと菅直人さんにやってもらいたかった。旧来の秩序にきっちりと終わりを宣言してほしかった。

その後で、私たち後続世代が吉田茂の仕事をしようと考えていた。それが10年ほど前の私たちの思惑だった。

それがかなわなかった今、誰かが鈴木と同じように困難な仕事を果たしていかなければならない。

2 「負の再分配」の時代

■富を再分配した田中角栄

明治維新以来の近代化システムの限界は、国民国家における民主主義システムの限界でもあった。その中で政治はどこに向かうべきかを具体的に考えたい。

経済が右肩上がりの時代の民主主義は、みんながパイを大きくするという共通目標を持っていたため、政治家は大きくなったそのパイをどうやって国民に分けるのかが主たるテーマだった。

その象徴が田中角栄首相（在職1972年〜74年）だった。田中は、膨らむパイを分ける「プラスの再分配」だけを語ればよかった時代に生きた。国民共通の夢を語れた幸福な時代の政治家といえる。

田中が1972年に打ち出した「日本列島改造論」は、日本列島を高速交通網で結び、地方を工業化して過疎と過密の問題を解決するという改革構想だった。公共事業を通して地元に利益誘導する〝土建政治〟を促したと評されたが、拡大したパイを地域に適正配分するという側面は、必ずしも不合理な制度ではなかったと思う。

だから私は田中角栄型政治を全面的には否定しない。

みんなで分けるパイの配分調整に若干のアンフェアが付随しても、パイが大きくなって自分にもそれなりの配分があり、一定の幅の中でやりくりされるならば、社会全体が許容していた時代だった。

「55年体制」の本質とは、言ってみれば、自民党サイドからパイを取ろうとする陣営と、労働組合が支えた社会党サイドからパイを取ろうとする陣営の利害調整だった。双方でパイを奪い合うことが、一定の合理性を持っていたのである。

■近代化のアクセルを踏んだ小泉政治

この時代の民主主義は、有権者に向かって「あなたにはこれをあげます」という、国民へのプラスの配分がテーマだった。具体的には、公共事業や社会保障制度、租税制度によって再分配はなされた。

ところが、今やパイが期待できない。「あなたにあげる」ものがなくなった。従来の意味での民主主義は機能しなくなった。

1980年代前半期に、日本の国債残高は急増して100兆円の大台を超え、国家財政は破綻状態になった。そのため80年代前半は、一般会計の歳出予算が一律50兆円に抑えられ、徹底した緊縮財政が組まれた。

このときの中曽根康弘首相（在職1982年～87年）は、「小さな政府」を掲げて、日本国有鉄道、日本電信電話公社、日本専売公社を民営化して、行財政改革を推し進めた。この時点で近代化のプロセスは、すでに行き詰まりを見せていたといえるだろう。

そして、自民党の小泉純一郎首相（在職2001年〜06年）が登場する。小泉氏は「既成秩序の破壊」を標榜したが、それは壊すというよりも、近代化のアクセルを踏むことによって危機を乗り越えようとするものだった。

台頭する新興国に対抗するため、低賃金、低コストで国内の工業化を進める方策は、まさしく近代化の発想だ。

規格大量生産をめぐる新興国との価格競争は、人件費の安い国に日本の人件費の水準を近づけていくことを意味する。それは非正規雇用と若年層の失業の増加、給料の切り下げ、格差拡大、社会全体の貧困化という結果を招いた。

豊かになった日本の生活水準をどんどん切り下げていくことによって、当面、社会は成り立っていくだろう。現に今それが、ワーキングプアというかたちで顕在化している。

しかし、国民の生活水準を下げる努力で事態を乗り切ろうとするやり方が、継続性のある社会と経済を保障するとは思えない。

小泉政権は、やらなければならないことの逆をやった。

やらなければならなかったのは、「厚みのある中間層」を維持するために、増税という「負の再分配」を国民に求めながら、安心を確保する社会保障を充実させていくことだったのだ。

3 情報公開の原則

■原則すべてを出す

政治が「負の再分配」について国民に求める限りは、なぜ負の配分をしなければいけないかを説明する必要がある。そして、現状に対する認識を共有し、同意してもらわなければならない。

そのプロセスにおいて大前提となるのが、「情報公開の原則」である。

国民との関係においては、情報公開は基本的な姿勢である。政治の意思決定に際する判断材料として、政府と情報を共有することが最低限の条件となるからだ。

野党時代から情報公開法に関わり、行政刷新担当大臣時代にはその改正に携わった私は、徹底した情報公開の立場を取ってきた。

情報公開法によっていずれ公開される情報を出さずに隠していたことが分かれば、政治の信頼は一挙に失われる。これは情報を取り扱う大前提であり、考慮の余地はない。

3・11のときも、私自身は「事実関係については、どうせ出るのだから、分かった時点ですぐに出すこと」「とにかく一切隠してはならない。隠すと、結果に影響を与えなかったとしても、後で大きな問題になる」と繰り返し政府内部で訴えてきた。

2001年に情報公開法が制定されてから約10年経過していたことは、3・11の対応に一定の働きをしたことは間違いない。「隠したままでやろう」ではなく、「オープンにしても大丈夫なやり方でやるしかない」という意識は、かなりの部分に浸透している。しかし、まだ徹底しておらず、反省すべき点も少なからずあった。

情報公開は時代を追うごとに、政治においてますます重要性を増している。ここで情報公開の視点から、3・11の対応を振り返ってみる。

■会見の態度が武器

有事においては、国民への情報発信が事態を大きく左右する。

地震発生直後、まだ原発事故が起きていない段階で、官房長官としてスポークスマンになった私は、国民が不安を抱く情報を数多く発信せざるを得ないことになると考えた。しかし、だからといって発信する内容は変えられないし、変えてはいけない。

これに対して、すべての情報を公開すれば、国民がパニックに陥るのではないか、との指摘がある。あるいは、のちに「パニックを避けるために、政府は情報を意図的に抑えたり隠したりしたのではないか」との見方がなされた。

しかし、私はそうは考えなかった。当時の私の会見内容をつぶさに検証してもらえれば分かるが（現在も「首相官邸ホームページ」で公開している）、実は国民がパニックに陥ってもおかしくないようなことを私は隠さずに話している。たとえば、3月13日午前の段階でメルトダウンの可能性に関する記者の質問に対して「十分可能性があり、その想定のもとで対応している」と答えている。

これは「官房長官がメルトダウンの可能性を認める」という大見出しになって

もおかしくない内容だ。放射性物質の漏洩についても3月13日ぐらいから、そのことを前提に話をしていた。

実はパニックの可能性を左右するのは、公開する情報の中身ではない。発信の仕方、すなわち私の口調であったり表情であったりすると私は考えている。大事なことは、いかに落ち着いて、混乱せずに、筋道立てて、分かりやすく話すかである。

それができれば、話す中身はたとえ非常にシビアであっても、国民は冷静に受けとめてくれる。

すなわち会見時の態度こそが、パニックを起こさないための唯一の武器であり、それが危機管理における情報発信の肝要な点だと思う。

言葉を換えれば、聞き手は発信者の情報内容よりもはるかに豊かな情報を発信者の身体全体から得ているということだ。

■不統一なモニタリングデータ

シビアな情報を公開しても、国民はパニックには陥らなかった。私は可能な限り情報公開に努めたが、しかし肝心の情報が集約できなければ、なすすべはない。

第0章で紹介した1号機の水素爆発の会見は、時間が経過しても情報が上がってこなかったケースだが、たとえ情報があっても、それが整理されて使える状態になければ、その情報はないに等しい。

それを最もよく表すケースは、放射性物質の拡散状況を示す環境モニタリングのデータ集約についてだった。

モニタリングは、東電による福島第一原発の敷地内のモニタリングをはじめ、経産省や文部科学省、福島県などがそれぞれ実施していた。事故発生当初は停電によってモニタリングポスト（自動観測局）の多くは停止して使いものにならなかったが、翌日からモニタリングカー（移動観測車）なども使って、徐々に各モニタリングデータが官邸に集まってきた。

しかし、それぞれのデータの形式に統一性がなかった。断片的なデータは複数あるが一覧性がないために、それらを統合したかたちで放射性物質の拡散状況を把握することができない。同種の情報は複数あっても、それらを整理・統一して有機的に生かすシステムになっていなかったということだ。

このため、3月15日の夜から16日未明にかけて、私が直接乗り出して、データに一覧性を持たせるよう指揮を執った。

モニタリングデータのとりまとめと公表は、モニタリングを所管する文科省、その評価については内閣府の原子力安全委員会、評価に基づく対応は原子力災害対策本部と役割分担を指示した。

モニタリングデータのフォーマットの不統一は、行政の縦割りが情報の共有を阻害したケースである。いくら高度な技術によって情報の絶対量や精度を上げても、それぞれが集約され、整備され、共有されなければ、それはまったく機能しない。

２０１１年3月11日までに、私は官房長官を既に約2カ月続け、民主党は与党となって1年半が経過していた。にもかかわらず、情報を集約するシステムをしっかり築いていなかった。少なくともそのための最善の努力を進めてこなかった。

これは今回の事故対応についての私の最も大きな反省点である。

■SPEEDI情報の遅れ

いくら情報公開を徹底しても、一度でも公開がなされずに国民に不信感を持たれると、信頼回復は極めて難しくなる。

官邸の発信情報が途中から国民にそのまま信頼してもらえない状況となったのは、SPEEDI（緊急時迅速放射能影響予測ネットワークシステム）の情報公開の遅れが大きかった。

放射性物質の拡散状況を予測するSPEEDIのデータは官邸幹部に上がらず、私自身がマスメディアを通じてその存在を知ったのは、3月15日前後だった。所管の文科省の担当者らを呼んで指示し、最初の試算結果を公表できたのは、約1週間後の3月23日だった。

SPEEDIのデータはすべて公表するよう繰り返し指示していたが、単位計算によるシミュレーションの結果は、公表はもとより私への報告すらなかった。「実際には使えない情報」として、私にまで情報を隠していたのである。

データ隠しは、まずマニュアルの弊害に起因することが考えられる。マニュアル原理主義に陥っていたことで、予測データは「使えない情報」としてスルーされた可能性がある。

もう一つ、私の徹底した情報公開主義が情報流通を阻んだ可能性がある。「不正確で根拠の薄い情報を上げてすべて公開されれば、後で批判される」という思いが、官僚たちの情報提供にブレーキをかけたのかもしれない。

結局、すべての情報を公開できたのは5月3日だった。一連の経緯が国民の政府不信を招いた大きな要因だろう。隠す意図で隠していたかは別としても、事実としては情報が出てこなかった以上、不信を抱かれたのは当然だ。

文科省だけのせいにするつもりはない。政府全体の責任である。情報発信の役割を担った私としては忸怩たる思いである。

■情報公開への感度

情報公開はできるだけなされなければならない。しかし、いくら制度はあっても、情報を扱う現場にそれに対する感度がなければ制度は十分に機能しない。そのことをこの事案は指し示している。

深謀遠慮のうえ意図を持って情報を止めていたというよりも、「これは大事な情報だから上げなければいけない」という感度が現場に欠落していたのだ。

文科省が私にまで隠していたSPEEDI情報は当時、現実的に役に立ったかどうかは疑わしい。だが、事の本質は「役に立つか立たないか」ではない。ましてや「公開することでパニックを起こすか起こさないか」でもない。

情報公開に限らず、制度はそれをしっかりと扱おうという当事者の意志と能力がなければ機能しない。それを感度と呼ぶなら、感度が人間の意志と能力に属する限り100％であることもまた、あり得ない。

そのことを私自身、痛感したのが「議事録未作成問題」だった。

原子力災害対策本部などの会議で議事録や議事概要が作成されていなかったことが、2012年1月になってメディアによって報じられた。当時の所管ではなかったものの、これは私の情報公開に対する感度が足りなかったことによる失態である。

私は公文書管理法を作った当人だったため、議事概要を残すべきことの重要性を認識していた。だからこそ、原子力災害対策本部のような重要な会議では当然作ってあるものだと思い込んでいた。ふだん役所は黙っていても、議事録や議事メモを作ってくるからだ。

その場で所管を超えてでも「この会議は、のちのち公文書管理法上も情報公開法上も絶対に重要になるから議事概要は作っているか。大丈夫か」と確認する感度がなかったと強く反省している。ましてや2011年4月1日に新しい公文書管理法が施行されるタイミングであったことを考慮すれば、念を押す必要があった。

政府に対する国民の不信感を招かない唯一の方法は、知り得た情報を原則すべて公開する以外にはない。わずかでも役に立つ可能性のある情報、とくに政府にとって都合が悪いと疑われるような情報は積極的に出す姿勢が求められる。

■利害関係者との接触制限

情報公開の原則は行政だけではなく、政治と政治家自身の身辺についても当てはまる。

政治献金をはじめとする政治資金収支報告書の公開など、政治とカネをめぐる透明性の確保は当然だが、それ以前に利害関係者との接触にも配慮が必要だ。

3・11以降、利害関係者の権益ネットワークとして、原子力ムラの存在が議論の俎上に載せられた。

原子力ムラに象徴されるような共同体的な癒着構造を解体するには、ムラを構成する人間の関係を断ち切るしかない。関係を断ち切るには、まずは単純に会わないことである。

たとえば、保安院や資源エネルギー庁の人間は、できるだけ電力会社の人間と会わない。やむを得ず会うときは議事録の残る場に限る。そして、会った場合は、それに関わるすべての情報を公開する。

この接触制限と情報公開を徹底するだけで、かなりの程度透明性が確保され、ムラの弊害は取り除かれるはずだ。

経産省は電力会社を管轄している。私は3・11の原発事故以降、経産大臣就任後も、官邸や経産省に電力会社幹部を呼び出したときなど、表の場面以外、電力会社と直接接触したことはない。

経産大臣というポジションでは、経済界との関係についてとくに慎重を要する。もともと私は経済界とのつながりを持っていなかったが、政策に関わる情報収集や企画、調整に関して業界の人脈が必要なことがある。

ならば、人脈や情報網は公然とつくればいい。密室において個人的につきあうことが、すなわち人脈づくりではない。利害関係者とはオープンな場で会う。とくに所管企業との密室交流は厳に慎む。1対1ではなく、業界全体との公開の場での会食や、異分野の経済人の参集する会合に出席すれば問題は生じにくい。

利害関係者との接触制限と公開原則は、現代の政治家のモラルの問題であると同時に、リスク管理の問題でもある。

3・11以前、電力会社幹部と親しく付き合っていたことが社会的、政治的に批判をされる事態は、どの政治家も想定していなかっただろう。特定の利害関係者と密接な関係は、すなわち政治家にとってリスク要因となる。

4 責任の共有

■最優先されるべき「公正さ」

「負の再分配」の時代、政治の大前提となるのは「情報公開の原則」とともに「公正さ」である。

経済成長期なら、程度の差こそあったにしても、ほとんどの人々が豊かになっていったために、公正さが政治の最優先のテーマになることはなかった。

しかし、今は違う。成長が止まって人口が減少する社会は、1人当たりの負担は黙っていても増えていく。国民は今日よりも明日のほうが生活は悪くなるかもしれないという不安を抱いて日々を送っている。

そんなときに、不正をして儲ける人間がいて、不正をしていない人間がそれだけ損をしているとなると、世の中への不満や恨みのエネルギーがたまる。社会の秩序がじわじわと侵されて、足元から揺らぐことになる。日本の社会が今、直面している状況だ。

だから現代の政治が実現を目指す最大のテーマが「公正さ」ということになる。公正であることは、政治倫理からの要請だけでなく、社会秩序という側面からも最優先に求められていることだ。ここから出発しなければ、社会を前進させる基盤がつくれない。

公正な競争のもとで儲ける人が儲けるのはいい。儲ける人もいれば、損をする人も出るのは、仕方のない側面がある。

公正なルールのもとで競争がなされたうえでの結果なら、損した側も「仕方がない」と納得できる。あるいは「次は頑張って成功しよう」とセカンドチャンスに挑戦できる。この納得こそが重要だ。

公正なルールと競争を社会でコーディネートしていく政治家自身が、公正さを求められるのは論を俟たない。国民に負担やリスクを求める一方で、政治家が不公正であることが許されるはずがない。

しかし、さらに重要なのは、世の中で公正が実現されていることを国民が実感することである。

■市民に責任の共有を求める

世の中で公正が実現されていることを実感するには、どうすればいいだろうか。それは国民が政治に参加することだ。

豊かな時代は、政治は政治家に、行政は官僚に任せていればよかった。しかし、個人の負担が増えていく時代は、たとえば自分の与り知らぬところで勝手に増税を決められることに納税者は納得できない。

年金制度を守るために、増税という選択が妥当かどうか。増税を選択しないなら、どの予算をカットするのか。公共事業か福祉か教育か。そもそも年金制度はどうしても守らなければならないのか。

国民自身が政治決定の当事者として議論に加わり、「これなら仕方がない」と納得できるようにする。そのためには、政治への参加意識を持てる政治の仕組みとルールをつくる必要がある。

市民の側も、これからは従来の〝お上頼み〟から脱却して、決定の当事者になることが求められる。

公正な社会をつくるために、政治が市民参加のほうに進むのは必然の流れだ。

ただし、私の言う「市民参加」は、政治が市民の意見を忖度して迎合していくことではない。市民が政治や行政活動に自らの意思で参加して、政策の形成と意思決定プロセスに主体的に関わっていくことを指している。

つまり、市民にも責任の共有を求めることであり、その覚悟を促すことである。というのも、これからはみんなで負担を分かち合う時代だからだ。市民が「負の再分配」を議論する場に参加して、政治の意思決定に加わってもらう。みんなで参加して決めたことに納得してもらう。そして、責任を共有してもらう。新しい政治は、その覚悟を市民に求めていかなければならない。

■地方分権の必要性

政府が国民に負担についての覚悟と責任の共有を求める以上、市民参加の場と機会を保証するのは当然だ。

だからこそ、地方分権が必要になる。

責任を共有できる参加型民主主義を実現するには、政治決定の単位を小さくしていくことだ。地域コミュニティとしての一体性を持てる規模、具体的には行政区画の最小単位である基礎自治体の市町村に中央の権限を委譲して分権を進めていくのが適当だ。

市町村ベースであれば、近くで意見交換の場をつくることができる。自分の政治意思を伝えるにも、市町村の地方議員は身近でアクセスしやすい。

議会制度を通じて政治に参加するという一点においても、分権社会は決定的に重要である。

地域についての問題は、地域に住む人々が意見を述べて、地方自治体は、市民の意見を反映した政策を立案する。このプロセスを十全に行うためには、行政に市民の意見を公正に反映させるルールと仕組みづくりが必要だ。

市民と行政が協力すれば、新しい施策モデルをつくり、地方から社会の仕組みを変えていくことも可能だろう。

■国政へのアプローチ

もちろん、政治にはミクロとマクロな案件があり、年金制度や防衛問題といったマクロなテーマは地方議員だけでは扱えない。

国会議員へのアクセス、パブリックコメント（意見公募）、意見聴取会、アンケートやメールを含めてさまざまあるが、国政へのアプローチの仕方は、必ずしも共有されているとはいえない。

たとえば、私が薬害エイズ問題を最初に手がけたときは、司法修習時代の同期だった弁護士からかかってきた1本の電話がきっかけだった。私が旧埼玉5区から出馬、初当選した2年後の1995年のことだ。

同期の弁護士は薬害エイズ裁判の原告側弁護団員だった。裁判は和解勧告に対する国の対応が焦点となる。

原告の被害者たちと当時の井出正一厚生大臣との面談の場を厚生省には内密のまま設け、この問題を初めて国会で取り上げた。そして内閣改造後、新たに厚生大臣に就いた菅直人さんのもと、真相究明と和解に向けた仕事に走り回ることになった。

菅厚生大臣が被害者に直接謝罪するという歴史的な場に私は司会者として臨み、安部英・元エイズ研究班班長らへの証人喚問で尋問に立つなどした。政治家になった手応えを感じた大きな仕事だった。

薬害エイズ問題は、薬害の被害者救済にとどまらず、官僚主導から市民主導の政策の象徴であり、情報公開というテーマの具体例でもあった。

実は政治家は、自分の政治活動の軸となり、貴重な財産ともなるこうした政策テーマを常に求めている。それがたとえ小さなテーマでも、説得力のあるテーマなら、多くの若い政治家は、飛びついて努力する。有権者はそれをもっと認識してほしい。

社会が複雑化、細分化する中で、政治のテーマも多岐にわたる。これから有権者は個別に政治にアプローチして政治意思を伝えることが重要になる。一方で政治家の側もアンテナを高くして、有権者のニーズと情報に敏感に応じる感度が必要になる。

■御用聞きから説得へ

市民に覚悟を求める政治と述べたが、まして政治家はいっそうの覚悟が求められる。

パイを配分できる時代は、政治家にとって有権者の希望を聞く能力、とくに隅々の小さな声までも聞く能力が重要視された。分かりやすく言えば、「うちに道路をつくれ」「うちに補助金を寄こせ」という声だ。

しかし、そんな〝御用聞き〟の政治は、もう成り立たない。いくら地元の「御用」を聞いても、もはやそれは空約束に終わり、聞くだけ有権者の側の不満が募るだけだ。

御用聞き型政治が通用しなくなっているのは、自民党の凋落が裏付けている。その認識はすでに、政治家にも国民にもある程度共有されていると思う。

私が地元への利益誘導をしない理由は、それがきれいごとの倫理の問題にとどまらず、「負の再分配」の時代、政治家が利権を求めたり、地域に政策的な便宜を図ろうとしたりしても、まったく現実が付いてこないからだ。

あるいは、既得権益に守られている人に頼り、昔ながらの政治手法をとっていたのでは、さまざまなしがらみによって既成の構造を壊すことはできない。

政治の仕事は、個々の細かな要求を受け入れることではなくなった。

マスとしての国民の声を聞くことはもちろん大切だ。

しかし、より重要なのは、私たちが抱えているリスクの存在と、それをしっかかり受け止めてもらうよう国民それぞれを説得することだ。

たとえば、これまで政治家は誰も負の再分配について語らなかった。確かに「あなたの夢を実現させよう」ではなく、「あなたもリスクを背負ってください」という謳い文句では、国民の期待感を刺激することはできない。

しかし、それでも政治家は有権者にリスクの存在について伝え、負担を共有するよう説得しなければならない。地元活動は有権者の意見を受け止める場である以上に、政治家が自分の意見を表明し、有権者を説得する場である。

これからの政治家に必要な資質は、有権者を説得できる力である。自分の意見を受け入れてもらえる説得力がない政治家は、いずれ淘汰されるだろう。

■テレビ政治は終わった

政治家に説得力が求められる時代。それはもうテレビの時代ではなくなったことを意味する。

一時期、国民へのアピールに、テレビの影響力を利用する大衆政治が隆盛を極めた。しかし、それはもう通用しなくなりつつある。

おそらく小泉政権時代の郵政選挙がピークだったのではないか。まだテレビの威力を信じて出演しようとする政治家はいるが、それは時代を読み違えていると思う。

有権者の支持を集めるためには、何を話しているかという中身以上に、説得力を持って話していることが必要になる。

話に説得力を持たせるためには、その内容について自分自身が十分に理解し、自信を持っていなければならない。その意味では記者会見と同様、情報発信者の態度がより重要になる。

テレビを通じて自信と説得力を伝えることができる政治家は、ほんの一握りしかいない。一方で、テレビを通じて有権者は政治家の話をまとまった時間、聞くことができない。話の断片では、負の再分配について説得することはできない。

「この政治家は筋道を立てて、自信を持って、相手を説得しようという意欲を持って話している。どうも本当のことを話しているようだ」

有権者はそうした政治家の姿全体を信頼してくれるのであり、そうした総体的なコミュニケーションは、現在のマスメディアのあり方では極めて難しい。

国民との関係で言えば、これからは「1対1の関係」が重要になる。昔流に言えば、「ドブ板」だが、もちろん中身は違う。有権者一人ひとりを説得していくということだ。

■**街頭演説で訴える**

有権者一人ひとりに訴える〝ドブ板戦術〟は、私の場合、街頭演説だった。日本新党の候補者公募で選ばれ、地盤も人脈もない埼玉県に落下傘候補として出馬して、新党ブームに乗って初当選したのは1993年だった。それ以来、私の政治運動の基本は街頭演説である。

毎週月曜日に選挙区内の各駅前で、朝の通勤時間帯に約1時間、車上やビールケースの上でマイクを持つ。

通勤時間帯で立ち止まって聞くことができないなか、街頭演説を通じて演説内容を理解したうえで私を応援してくれる支持者は決して多くない。

おそらく有権者に伝わっているのは、演説の論理的な中身ではなく、その内容について理解して自分の言葉で一生懸命説得しようとしているかどうかという話し手の態度ではないだろうか。

街頭演説は、私自身にとっても大事な機会だ。

後付けかもしれないが、それはまず「説得のトレーニング」の場である。自分の考えを頭の中で整理して、いかに人々に分かりやすく伝えるかに努める。

また、それは生身で世論を感じる場でもある。とくに野党時代は、私や民主党に対して、人々がどれくらいのシンパシーを持って通り過ぎているのかがはっきり肌で分かった。選挙区内の主要駅で定点観測を続けているため、それは政党支持率の上下よりもはるかにビビッドに伝わってくるのだ。

官房長官時代は東京を離れられず、経産大臣に就いてからも、かつてほど街頭演説ができていない。いろいろな意味で、このことはたいへん残念だ。

また、有権者への説得の場として、地元で「オープンミーティング」と称する会合の場を持ってきた。やはり初当選から野党時代は毎月1回、1時間ほど自分の考える政策について話し、参加者と質疑応答を重ねる。最初は5人ほどだった参加者も、今は一度に会場に入り切らなくなり、2部構成になっている。

こうした有権者とのコミュニケーションで政治家に求められるのは、「誤解を恐れない」ことではないだろうか。

うそはつかず、無邪気に夢を語らず、そして誤解を恐れずに、筋を通す。全体を俯瞰して慎重にしたたかに、バランス感覚を持って。その上で正しいと考えていることを、言葉を尽くして表現すれば、必ず有権者には伝わると私は信じている。

■政治家という仕事

政治家は自分の信念に基づいて有権者に政策を提言して支持を得る。そして、国民の負託を受けて政策として実現していく。

しかし、それができない時代がある。それが最もできない時代に、それでも政治がやらなければならない仕事がある。それを覚悟して、見事にやり遂げたのが鈴木貫太郎であり、吉田茂だった。

ところで、「幸男」という私の名前は、「憲政の神様」と言われた尾崎行雄から取られたものだ。政治に強い関心があった祖父が、尾崎行雄を非常に尊敬しており、生まれてくる孫には同じ名前を付けようと命名したという。

尾崎行雄という人は、1890年に第1回総選挙に出馬、当選して以来63年間、計25回当選という大記録を作った。そのなかで閣僚経験は、第1次大隈内閣の文部大臣と第2次大隈内閣の司法大臣だけだ。

1915年に「対華21カ条の要求」を中国に突きつけた第2次大隈内閣の決定について尾崎自身は反対だったが、閣僚として賛同せざるを得なかった。閣僚は自分の意に添わない決定にも従わざるを得ない。だから、それ以後は2度と閣僚をやらなかったという。

だとすれば、そこは尾崎行雄と私の政治姿勢は違う。

政治家であろうが何であろうが、自分の思った通り100%物事を動かせるなど世の中ではあり得ない。内閣総理大臣になったとしても、自分の思った通りに100%できることはない。

自分の意に添わないこともやらざるを得ないのが政治なのではないか。限られた選択肢の中で、それでもより良いほうを選択するのが政治なのだと思う。

私はその覚悟で政治をしている。

同時に新しい時代には、国民にも覚悟と責任を共有してもらいたいと考えている。

国民も政治家も覚悟して臨む。それが、これからの新しい政治である。

視点

「インターネットと政治」

悪質なデマ

インターネットは、政治の環境や国民の政治意識に大きな影響を与えている。これからインターネットによる政治活動や選挙運動が、ますます進んでいくことは間違いない。ネット普及による影響力の増大に伴って、その功罪の規模も膨らむ。有用なツールであると同時に落とし穴があることも心しておくべきだ。

3・11のときは被災地や原発事故情報について、ネット上に大量の悪質なデマが流れ、実際に風評被害を招いたケースがあった。

私自身の例を出せば、「震災後に妻子をシンガポールに避難させた」というデマが出回った。もし地震がなければ、春休みに、妻子だけでシンガポールに観光旅行に出かける予定だったが、地震のため中止して日本にいた。なぜこれが曲解されて伝わったのか不思議でならない。

誤った情報は私の名誉という以上に、当時官房長官として政府の広報を担っていただけに深刻だった。「国民には冷静な対応を求めながら、自分の家族だけは海外に逃がしている」という誤解によって、政府が発信する情報全体の信頼性を損ないかねなかった。

さらに言えば、家族に対して心苦しかった。地震発生から東京にいた妻子には、発生日に電話1本入れただけだった。1週間後に2時間だけ帰宅できたときは、好物の餃子を作ってくれていた。政治家の身内だけに少々のことは承知してくれているが、悪質なデマに包囲され証明のために、一時はパスポートを常時持ち歩くなど肩身の狭い思いをさせたのは、さすがに申し訳なかった。

自分のメルマガや会見で「震災以降、妻も子ども2人も海外に出たことはない」と否定したが、いったん流されたデマは一気にネット上に増殖し、記録として残る。いまだに本気にしている人は少なくないのではないだろうか。

また、地震から約1カ月後、私が福島県南相馬市内に防護服を着て視察した際、

「自分だけ放射能から身を守ろうとしている」という根拠のない話がネットに出回ったこともあった。

原発から半径20キロ圏内の避難区域は、防護服の着用が義務づけられている。テレビで流れた映像は、20キロ圏から出て防護服を脱ぐときのもので、周囲に防護服を着用していない人がいるのは当然だった。

そもそも着用した防護服は主に放射性物質の周囲への拡散を防ぐためのもので、着用している人を放射線から防護するものではない。デマは防護服を着用する人々への偏見を助長しかねない。

1対1関係を築く

リスクの一方で、その有用性も疑いない。

国民の多くが、インターネットのニュースサイトやポータルサイトを通じて、政治情報を入手するようになった。

ネットを活用した政治情報の発信としては、国会の本会議や委員会、各種の審議会や記者会見がノーカットで生中継され、ビデオライブラリにアクセスできるようになっている。

3・11で初めてノーカット生中継の会見を見た国民は、新たな情報流通のかたちを実感したのではないだろうか。

審議会などの一次情報が切り取られないまま情報公開されることは、ひとつの政治テーマに関する審議方法や意思決定までのプロセスを国民が共有できることを意味する。

これは、国民の政治参加の前提条件を整備するという意味において、画期的な意義を持っている。

また、有権者とのコミュニケーションを取る際、インターネットは「1対1の関係」を築くツールとして有効だ。パーソナルなコミュニケーションを通して、今後、国民を説得するために、ネットは最大限利用できる。

メールなどを通じて、政策立案に対する有意義な情報提供もある。まだまだ数は少ないが、今後、自らの政治意思を政治家にダイレクトに伝えるツールとして、利用範囲は広がっていくだろう。

おわりに

私たちの国は「坂の上の雲」を見上げながら、ずっと歩いてきた。

しかし上を見上げても、もう雲はない。

上を見るのをやめて足元を見てみると、美しい花が咲いている。道を間違えると落ちるけれども、足元をよく見て歩いていくと、素晴らしいものがたくさんある。上を見て歩くのもいいが、足元にある素晴らしいものを生かせばいい。

たとえば、私たちの周りに「もの」は十分にあって、それなりの豊かさを享受している。そのうえで家族との時間を味わったり、余暇を楽しんだり、ボランティアをしたり、それぞれが自分なりの生きがい＝豊かさを求めていけば、未来は決して暗くない。

21世紀の初めに「世界に一つだけの花」という歌が国民的共感を呼んだ。「ナンバーワンではなく、オンリーワン」というテーマは時代の進む先を示していた。実はもうみんな、それぞれの足元の花の美しさに気づいているのだと思う。

本書では、脱近代化の時代における「負の再分配」という側面を強調して述べてきた。しかし、マイナスの分配という側面はあっても、一人ひとりの国民が不幸になる訳ではない。

税金等の負担は大きくなっても、全体として社会保障が充実して、老後の不安が小さくなっていくのならば……。電気料金などのコストは一時的に増えても、原発事故のリスクを小さくしていけるのならば……。個々の給料はそれほど上がらなくても、残業が減り、休暇、余暇を楽しめるようになるのならば、あるいは、夫婦共働きでも安心して子育てできるのならば……。

過去を振り返って、これまでの延長線上で未来を考えると暗くなる。歴史に学ぶことは大事だが、過去の成功体験にとらわれてはいけない。過去にとらわれることなく、今の足元を見ていけば、新しい価値や新しい生き方を見つけることができる。

政治は夢を語り、国民に希望を与えなければならないと言われる。確かに夢も希望もない未来を語る政治はあり得ないと思う。

しかし、幻想を与える政治も無責任だ。これから見ることのできる夢や希望は、昨日の延長線上にはないことを、明確に語る責任がある。このことなしに、幻想ではない本当の夢を語ることはできない。近代化プロセスがこれからも続くという幻想を終わらせること、いわば近代化プロセスの敗戦処理なしに、次の時代の夢や希望は語れないのだ。

敗戦処理は最も困難を伴う政治プロセスだ。しかし、鈴木貫太郎や吉田茂が直面した太平洋戦争の文字通りの敗戦処理と比べ、近代化プロセスを終わらせるという処理は、ある程度のソフトランディングが可能であるという点で、圧倒的に困難は小さい。その現実に勇気づけられながら、その先の夢や希望を示しつつ、敗戦処理を着実に進めていきたい。

最後に、本書をつくろうというきっかけを作ってくれたのは、雑誌の対談で私の考えを整理して引き出してくれた東洋大学の薬師寺克行教授と、私の考え方に

「エダノミクス」と名前を付け、紙面で大きく扱ってくれた朝日新聞社の佐藤徳仁記者によるところが大きい。また、ジャーナリストの片岡義博さん、東洋経済新報社出版局の山崎豪敏さん、中山英貴さんには、出版にあたってたいへんお世話になった。山崎さんを引き合わせてくれた井戸まさえ衆議院議員（兵庫1区）を含め、多くの皆さんの協力なしに本書が発行されることはなかった。こうした皆さんに改めてお礼を申し上げる。

2012年9月

枝野幸男

著者紹介

衆議院議員（埼玉５区選出，当選６回）．1964年栃木県宇都宮市に生まれる．83年栃木県立宇都宮高等学校卒業．87年東北大学法学部卒業．88年司法試験合格．91年弁護士登録．93年日本新党の候補者公募試験に合格し，旧埼玉５区から衆議院議員に立候補・初当選．その後，新党さきがけを経て，96年民主党入党．

主な経歴：
衆議院決算行政監視委員長（2007～09年）．
内閣府特命担当大臣［行政刷新］（2010年２月～６月，11年６月～９月）．
内閣官房長官・内閣府特命担当大臣［沖縄及び北方対策］（2011年１月～９月）．経済産業大臣（2011年９月～）．
民主党政策調査会長（1997～98年，2002～04年）．同党幹事長（2010年）．

主な著書：
『「小沢一郎日本改造計画」への挑戦状！』（共著，マネジメント社，1994年），『オウム事件は終わらない』（共編著，立風書房，1996年），『それでも政治は変えられる』（マネジメント社，1998年），『「事業仕分け」の力』（集英社新書，2010年），『枝野幸男学生に語る　希望の芽はある』（聖学院大学出版会，2012年）．

叩かれても言わねばならないこと。

2012年10月11日　発行

著　者　枝野幸男《えだのゆきお》
発行者　柴生田晴四

発行所　〒103-8345
東京都中央区日本橋本石町１-２-１　東洋経済新報社
電話　東洋経済コールセンター03(5605)7021

印刷・製本　藤原印刷

Printed in Japan　ISBN 978-4-492-21202-8　http://www.toyokeizai.net/